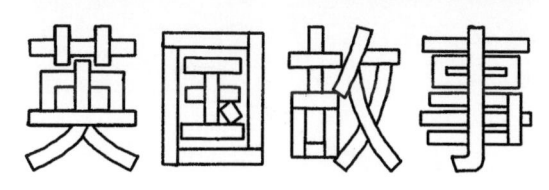

THE ILLUSTRATED
STORY OF ENGLAND
英国故事

[英] 克里斯托弗·希伯特，西恩·朗 著
[英] 约翰·布罗德利 绘　明琦枫 译

The Illustrated Story of England ©2016 Phaidon Press Limited
This Edition published by Ginkgo(Beijing)Book Co., Ltd under licence from Phaidon Press Limited,Regent's Wharf, All Saints Street, London, NI 9PA, UK, © 2018 Ginkgo(Beijing)Book Co., Ltd. All rights reserved.

本书中文简体版由中国纺织出版社有限公司独家出版发行。本书内容未经出版者书面许可，不得以任何方式或任何手段复制、转载或刊登。
著作合同登记号：图字：01-2021-6619

图书在版编目（CIP）数据

英国故事/（英）克里斯托弗·希伯特，（英）西恩·朗著；（英）约翰·布罗德利绘；明琦枫译. --北京：中国纺织出版社有限公司，2021.12
书名原文：The Illustrated Story of England
ISBN 978-7-5180-9070-9

Ⅰ.①英⋯ Ⅱ.①克⋯ ②西⋯ ③约⋯ ④明⋯ Ⅲ.①英国—历史—通俗读物 Ⅳ.①K561.09

中国版本图书馆CIP数据核字（2021）第221899号

英国故事

著　　者：［英］克里斯托弗·希伯特，西恩·朗　　绘　　者：［英］约翰·布罗德利
译　　者：明琦枫　　出版统筹：吴兴元
责任编辑：胡　明　　特约编辑：程培沛
责任校对：王蕙莹　　责任印制：王艳丽
营销推广：ONEBOOK　　装帧制造：墨白空间·巫粲

中国纺织出版社有限公司出版发行
地址：北京市朝阳区百子湾东里 A407 号楼　邮政编码：100124
销售电话：010—67004322　传真：010—87155801
http://www.c-textilep.com
中国纺织出版社天猫旗舰店
官方微博 http://weibo.com/2119887771
天津创先河普业印刷有限公司　各地新华书店经销
2021 年 12 月第 1 版第 1 次印刷
开本：889×1194　1 ／ 32　印张：9
字数：164 千字　定价：62.00 元

凡购此书，如有缺页、倒页、脱页，由本社图书营销中心调换

目录

序言

第一章
大熔炉时期

土著和移民　3

罗马不列颠　13

盎格鲁－撒克逊人　23

第二章
国家之建立

诺曼王朝　41

金雀花王朝　57

王冠和人民　69

第三章

权力的争夺

中世纪的暮光　93
都铎英格兰　107
早期的斯图亚特王朝　129

第四章

帝国的兴衰

帝国和工业　147
改革的时代　171
20 世纪　191
进入新世纪　209

王室系谱表　223
地图　229
世界大事纪年表　233
英国大事纪年表　245
英国的艺术、建筑和文学　257
历任首相　265

序言

正如伍德沃德（E. L. Woodward）教授在介绍他于1947年出版的《英国简史》时指出，将广博的英国历史涵盖进如此有限的书本内容中的尝试，就好比将皇冠珠宝打包进帽箱里一样，"你唯一能做的就是忽略那些历史细节"。在本书更为简短的叙述中，我努力网罗尽可能多的历史细节，试图涵盖多个世纪历史图景中生活在英国最有影响的人，以及发生在同时期最重要的历史事件，甚至不惜以省去某些本应囊括的特定主题为代价，以便使本书既生动又丰富。

有的读者要么忘记了学校所授的历史课程，要么是他们的历史课本只触及了本书所涵盖的部分时间范畴。还有一些读者正在寻找一本可读性强的书，可以为他们在旅途中游览的国家提供一些历史背景。因此本书通过大量的插图向读者展示了一幅英国历史画卷。

为了进一步给读者提供详尽的参考，本书在最后按英国历史进程附上世界大事纪年表，另外还有本书中提到的所有地点、城堡、大教堂、乡村房屋和战场的精致手绘地图。同时，读者还可以看见英国历代君主的家谱和历任首相名单。因为本书的描述对英国历史发生兴趣的读者亦可参看书目注释。

克里斯托弗·希伯特
1992年

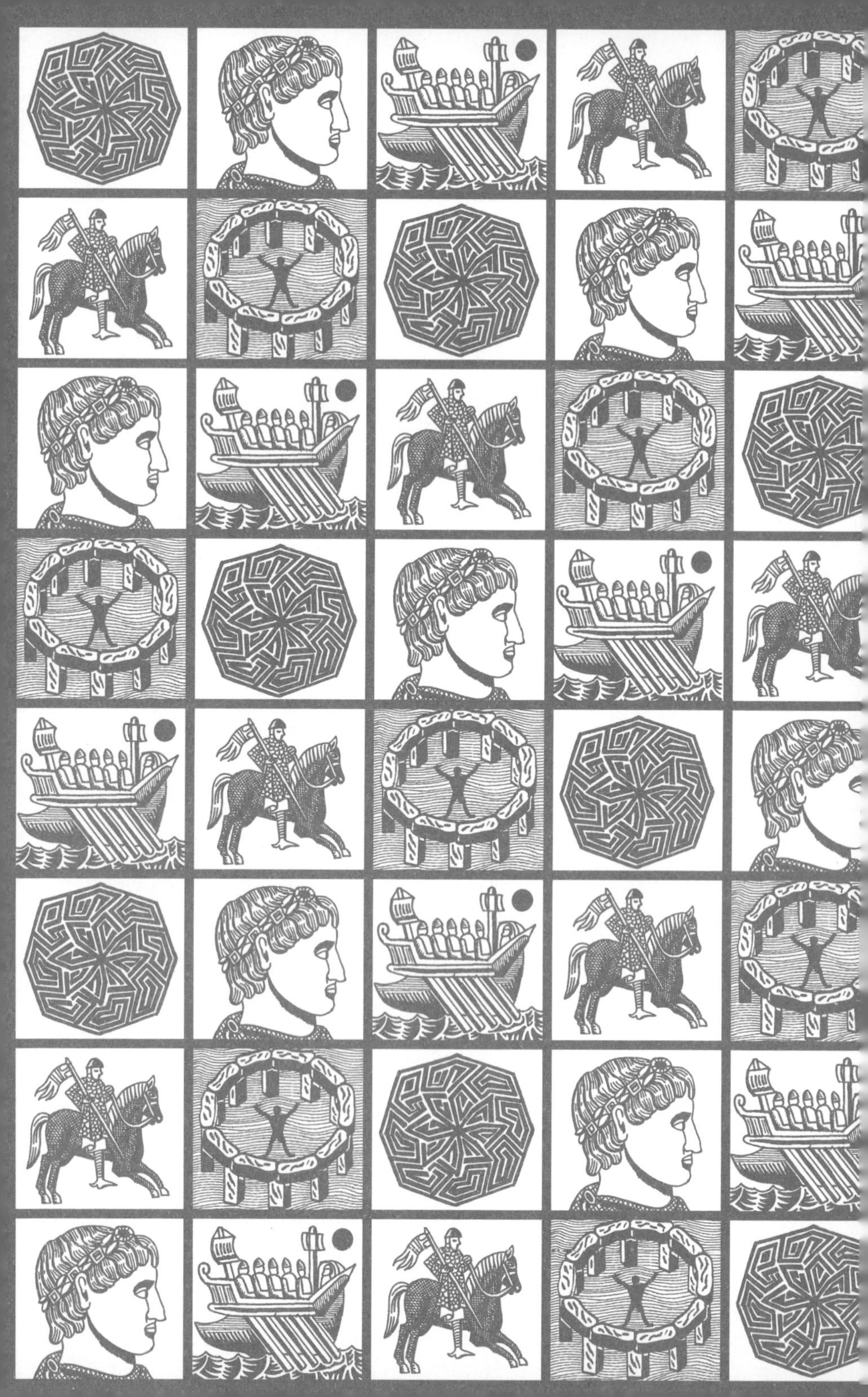

第一章

大熔炉时期

从新石器时代
（公元前5000—前2500年）
到盎格鲁-撒克逊人的失败（1066年）

公元前 5000—前 55 年

土著和移民

17世纪中期的某一天,中殿律师学院的年轻学生约翰·奥布里在父亲位于威尔特郡的房屋周围四处闲逛,在埃夫伯里村附近,发现了一个极不寻常的巨石圈。在他看来,这些巨石好似组成了一座古老的纪念碑,"壮观的巨石阵就像一座由数个堂区组成的大教堂一样"。尽管这座纪念碑矗立已久且极富特色,但奥布里却是第一个对它进行详细记载的人,不过即便有了他的详细记载,人们对巨石阵也并未产生多大的兴趣。70年后(1724—1726年),丹尼尔·笛福在环大不列颠岛的旅行中,认为埃夫伯里村不值一提。在18世纪,埃夫伯里村当地一名农民清理耕地时,还将一些较大的石头推倒在一个满是燃烧秸秆的坑里,并用大锤将它们砸成了碎片。各种关于巨石阵的神秘仪式、祭祀咒语和献祭"屠宰石"的传说风靡流行,直到最近,巨石阵所受的待遇才不那么粗暴无礼,人们开始科学地审视它,尝试揭开其背后的历史奥秘。

在巨石阵中,它的"中央石"与"踵石"对齐,并与夏至日清晨升起的太阳在同一条线上,这说明它是一个与太阳崇拜有关的圣地。自奥布里发现巨石阵以来,尽管学者们已从这些古老的石头上剥离出一些相对玄幻的神话,但巨石阵为何如此排列仍然是个谜。至少现在,这个纪念碑的建立日期可以大致确定,埃夫伯里村的石头出现于公元前2000年至前1600年,而巨石阵的建立至少经历了五个阶段,从公元前2200年到前1300年,大约跨越9个世纪。到

第一章 大熔炉时期

约翰·奥布里在埃夫伯里村附近发现巨石阵

底是什么人把它们矗立于此,又是出于什么目的,我们仍然几乎一无所知。

远古时期,在第一块巨石柱从威尔士山区被拖着经过巨石阵那裸露的白垩岩层构成的丘陵地带之前,也就是大约7000年前,即新石器时代的初期,流浪的猎人们占领了现如今是英格兰的这片地区,他们猎杀动物,捕捞鱼虾,采摘野果,并以此为生。他们不种庄稼,也没有牲畜。大约6000年前,其他民族的人们、来自欧洲大陆的移民和那些身高不过5英尺6英寸(约1.68米)的矮小男女,纷纷加入石器时代猎人们的生活中。他们乘坐动物毛皮做成的小船、独木舟和柳条编织的小圆船横渡大海,带来了不同的生活方式。移民们在森林里为自己的牲畜清理出空地,种植庄稼,用火石取火制作斧头等工具,烧制陶器,并建立了集会场所和部落中心,比如在埃夫伯里附近的风车山,山顶上有着三个堤岸和沟渠组成的同心圆。他们有一种埋葬习俗,将死者埋在类似威尔特郡西肯尼特的石墓里,就像迪韦齐斯博物馆里展示的那样,而这样的习俗也逐渐被后来的移民们沿袭继承。

在新移民中,有一支是宽口陶器人,这个名称来自他们独特的钟形饮水器,在埋葬者呈蹲伏状的墓穴中都会发现有这类饮水器陪葬。这支最初可能来源于西班牙的移民,从今天的荷兰和莱茵兰地

大陆移民带来了新的生活方式

区带来了冶炼青铜的技术。大约在公元前 2000 年的新石器时代晚期到青铜器时代早期，宽口陶器人来到这里，似乎与早期移民相处友好并定居下来，也是他们从南威尔士彭布罗克郡带来了巨石，可能使用了木筏将这些石头运过布里斯托尔海峡，沿埃文河而上，然后利用树干当滚轮将石块从埃姆斯伯里河西岸拖运到现场，用于第二阶段巨石阵的建造。

其他几支规模较小的移民紧随宽口陶器人，一并来到不列颠岛，然而该岛的人口仍然很少，移民的定居点也零星散布。直到大约公元前 1600 年，不知什么原因，突然出现了成千上万的新移民，他们在山间低地上建立起越来越多的定居点，在一望无垠的土地上开垦了广袤的良田，并围绕田地建造了许多棚屋。据估计，公元前 1500 年，即青铜器时代晚期开始之前，人口已经上升至大约 100 万，而与此同时，其他移民也来到岛上，他们既是商人，又是工匠；既是建设者，（必要的时候）也是战士。这些外来的移民带来了本地居民从未见过的高超技艺和精致饰品,它们被统称为威塞克斯文化。正如宽口陶器人之前那样,新的移民们很快就把注意力转向巨石阵,并在它修建的第三阶段,拆除了前辈们建起的石柱圈,然后从马尔伯勒丘陵拖了八十根巨大的萨尔森石柱,将它们立直,并在上面横着压上厚重的石楣梁,形成石圈和整体结构似马蹄形的石拱门,这些巨石至今还屹立在人们面前。

尽管岛上已经有了各种各样的移民部落,但在公元前800年左右,也就是铁器时代伊始,另外一些定居者从大陆上岛,最初是小型部落,之后则是大批移民,使当地居民的血统变得更加多样化。这些新来的移民部落就是凯尔特人,一个比之前移民身材更高大,肤色更白皙的部族。他们的部族曾长期定居在今天的法国、比利时和德国南部,而那时正值东边的好战部落频频挑衅,导致他们不得不向西迁移。凯尔特的僧侣吉尔达斯(Gildas),一位英国最早的历史学家,认为凯尔特人"完全没有作战经验"。但事实上,凯尔特战士们装备有铁剑和匕首,首领则驾驶着两轮战车,如果战死,这些武器和战车也会是他们的陪葬品。

在这个被凯尔特人称为阿尔比恩的国家,他们用草皮和石墙建造了坚实的山堡,多塞特郡的梅登城堡和萨默塞特郡的吉百利城堡就是很好的例子,梅登城堡占地115英亩(1英亩≈4047平方米),一度有着不少于八道防线;而吉百利城堡作为新石器时代的定居点曾长达几乎40个世纪。因为坐拥类似的城堡,或属于受水体保护的据点,比如位于被沼泽包围的小岛上的格拉斯顿伯里,凯尔特部落成功地突袭了附近的定居点,并将战俘充作奴隶带走。

尽管如此,凯尔特人本质上并不是一个好战的民族。地位较低的男女成员喜欢把精力用在畜牧养殖上,就连他们的首领也似乎更喜欢狩猎而不是战争。这个部族的成员都是经验丰富的农民,他们将农田分割成土堤隔开的方形田地,用黄牛拖着小型犁耙耕地,并

为建造巨石阵，巨石从南威尔士被运往埃姆斯伯里河西岸

种植燕麦、黑麦、小麦和大麦，把玉米磨成粉做成面包，用水和发酵蜂蜜调制成一种被称作蜂蜜酒（mead）的酒精饮料。他们住在圆形的由木材和黏土覆盖的篱笆围成的棚屋里，屋顶是茅草做成的。红色的衣服是凯尔特居民的最爱，这里的男人和女人都身着颜色鲜艳的衣服，而染色的原料则提取于鸟蛤。他们会穿皮革做的鞋（包括凉鞋），稍富裕的人则会佩戴精心制作的装饰品和珠宝，比如胸针、手镯、项链和戒指。这些装饰品和珠宝一部分是由当地的能工巧匠打造而成，另一部分则是从异国他乡进口而来。随着这些珠宝一起进口的还有玻璃器皿和葡萄酒，而作为回报，岛民带去兽皮、奴隶、牛、狗和矿产，包括康沃尔矿山的锡、萨塞克斯的铁，以及黄金和白银。

凯尔特部落中最勤劳、最强大的是比利其（Belgae）[1]人，公元前1世纪初他们开始从马恩山谷迁徙定居到不列颠岛。起初他们定居在岛屿的东南部，并很快成为该地区的主要民族。正如他们的货币所显示的那样，他们随后逐渐在科尔切斯特（Colchester）、圣奥尔本斯（St Albans）和锡尔切斯特（Silchester）建立了中心。他们中最强大的一位首领是卡西维拉努斯（Cassivellaunus）[2]，库诺比莱纳斯（Cunobelinus）的叔叔，库诺比莱纳斯是莎士比亚笔下的辛白林国王，他统治着泰晤士河以北的大片地区，也就是现在的赫特福

1　居于现今比利时及法国北部的一支高卢族群。——译者注
2　卡西维拉努斯，抵御恺撒入侵的不列颠凯尔特人首领。他领导了反对罗马势力的部落联盟，但最后他遭到那些被恺撒打败的部落出卖而投降。——译者注

凯尔特的僧侣吉尔达斯

德郡、白金汉郡和伯克郡。

　　像卡西维拉努斯这样的君主们远非罗马人宣传的那样残暴野蛮，他们不但是娴熟的统治者，更是艺术家的资助人。这些艺术家不仅用优美的曲线、抽象的设计装饰作战用的盾牌和剑柄，还精心装扮青铜镜子的内侧和珠宝盒盖。诚然，等到兵临战场的时候，君王威风凛凛立于战车之上，未披铠甲的战士环绕四周，他们的长发迎风飘起，裸露的肌肤被染成靛蓝，一幅雄伟壮观的美景跃然纸上。然而，在大多数情况下，凯尔特人民似乎彼此相处融洽，不仅在自己的部落内婚嫁，而且与早于他们之前抵达不列颠的先辈的后代联姻。他们从智者、占星家和占卜者（即德鲁伊）那里了解众神和灵魂的轮回。德鲁伊们会沐浴着月光，在树林中紧贴橡树生长的槲寄生枝下，举行敬拜和祭祀仪式。根据尤利乌斯·恺撒的描述，德鲁伊会向他们的神献祭活人，有时是用单个人，有时则是将一群人装在巨大的柳条笼子里一起献祭。而作为祭品的人选主要是罪犯，当没有可供献祭的罪犯时，则用奴隶或穷人充当。

第一章　大熔炉时期

德鲁伊在月光下的树林里举行祭拜仪式

公元前55—公元450年

罗马不列颠

公元前 55 年，伟大的罗马将军尤利乌斯·恺撒怀着对所知甚少的岛屿一探究竟的愿望，同时也为了惩罚比利其人在自己征服高卢（即现今的法国地区）时帮助高卢人，与罗马为敌，因此他首次起兵攻打不列颠岛。不列颠岛寒冷而多雾，相传岛上遍布着比高卢人还野蛮的原始人。当恺撒麾下某一军团的士兵得知即将前往这座北方岛屿时，威胁着要发动叛乱。尽管如此，恺撒最终还是率领数千人在肯特（Kent）[1]实施了登陆。罗马人在一些小规模的突击战斗中，对他们称为"不列颠尼亚"的岛屿进行了初步的探索和丈量。可是，汹涌的潮汐令骑兵们寸步难行，无法上岸，最终恺撒决定带领军团打道回府。第二年他们重登岛屿，虽然水手们在海峡险恶的水域中再次遇到困难，暴风雨使多艘船只在抛锚时严重受损，但他们还是一路行军到了赫特福德郡的惠特汉普斯特德，即卡西维拉努斯控制的丘陵要塞，并在激烈的战斗后将其占领。在得到卡西维拉努斯和其他不列颠首领将每年向罗马进贡的保证之后，恺撒带着人质和俘虏班师回朝。

恺撒将军得胜而归，他意识到不列颠远不是罗马人之前想象中的蛮荒之地。然而，直到公元 43 年，比利其人的首领库诺比莱纳

---

[1] 肯特，位于不列颠岛南部，由古代盎格鲁所建的王国。——译者注

公元前55年，尤利乌斯·恺撒率军进攻不列颠岛

斯去世后，克劳狄一世[1]才决定将其并入罗马帝国。罗马军团在肯特郡的里奇伯勒堡登陆后，他们被库诺比莱纳斯的儿子卡拉克塔克斯（Caractacus）引到梅德威河畔作战，遭到了顽强的抵抗。虽然不列颠人英勇抗敌，还是难敌罗马铁蹄。卡拉克塔克斯战败后逃到威尔士，数年后，他在那里被捕，家人被铐着铁链带回罗马。他的败绩让其他不列颠首领接受了罗马不可能被战胜的事实，并向罗马皇帝投降。比如，雷格尼族（Regni）的首领科吉杜努斯（Cogidubnus），在投降之后得到了相应的奖赏，并被皇帝授予了罗马军衔和一大笔财富。

起初，东英吉利的爱西尼人也曾向罗马皇帝投降。公元60年前后，爱西尼人的首领普拉苏塔古斯（Prasutagus）[2]去世，遗愿是将自己的财产连同两个女儿一起献给罗马帝国。罗马人并不愿理睬他的这个遗愿，也拒绝接受他那位身材高大、红头发、声音刺耳的遗孀布狄卡（Boudicca）[3]为王后。布狄卡坚持要求承认她及家人

---

[1] 克劳狄一世是罗马帝国朱里亚·克劳狄王朝的第四任皇帝，公元41年—54年在位。——译者注
[2] 普拉苏塔古斯，英格兰东英吉利地区古代爱西尼部落的国王。——译者注
[3] 布狄卡，威尔士语中称她为比达格（Buddug）（？—公元60年或61年），英格兰东英吉利地区古代爱西尼部落的王后和女王，她领导了不列颠诸部落反抗罗马帝国占领军统治的起义。——译者注

印有克劳狄一世的罗马硬币

的权利，但这却让她遭到鞭笞，女儿们也被强奸。愤怒的爱西尼人在邻近部落特里诺文特人（Trinovantes）[1]的帮助下，蜂拥至罗马的科尔切斯特镇，屠杀当地居民，洗劫最新建造的神庙和与异己的罗马统治制度有关的建筑，并且击溃了从林肯镇姗姗来迟，已无力守护城池的第9军团。在布狄卡的带领下，这些起义军接着南下，转向泰晤士河，几天之内他们声势浩大的军队就兵临伦底纽姆（Londinium）[2]港口。港口有一个毫无设防的贸易中心，其仓库、商店和小酒馆就那么暴露着，少许碎石、砖瓦，大部分是木头和茅草，一切都很容易被击毁。港口的破坏是迅速且彻底的，就像在科尔切斯特一样，居民被屠杀，建筑被付之一炬。然而，布狄卡的胜利却是如此短暂，面对睚眦必报的罗马皇帝，谁也不可能赢得最终

1　特里诺文特人，罗马不列颠时期的一支凯尔特部落。他们的领土大概是泰晤士河口北侧萨福克郡到埃塞克斯郡的一片地区，其中包括现今的大伦敦地区。北邻爱西尼人，西接卡图维劳尼人。——译者注

2　伦底纽姆，现今伦敦。——译者注

第一章　大熔炉时期

的胜利，为了使自己不落入敌手，她服毒自尽，魂归故里。

伦敦得到重建、发展和繁荣。到 3 世纪中叶，当它成为罗马帝国不列颠行省的行政和商业中心时，大约容纳有 3 万人。50 年后，这个数字可能已经翻了一番。人们居住在 326 英亩的半圆形区域内，周围由 3 英里（1 英里 ≈ 1.6 千米）长的坚固石墙围成，主干道贯穿其间，堡垒和塔楼加强了防御。在不列颠的其他地方，随着顽固不化的部落逐渐被征服，不断被逼到威尔士和苏格兰的边境，罗马人建造了其他一些大型城镇，包括寺院和大教堂、兵营和公共办公室、露天剧场、澡堂和工作坊。

这些城镇大多都是按照罗马人最喜欢的网格状分布的，从奇切斯特（Chichester）和格洛斯特（Gloucester）的中心布局中仍然可以看出。北部的约克郡，当时被称为艾伯拉肯（拉丁语

布狄卡领导不列颠诸部落反抗罗马军队

罗马军团帮助不列颠各地建立城镇

Eboracum），最初是第 9 军团的总部所在地。靠近威尔士北部边境的切斯特（Chester），是第 20 军团的总部所在地。其他城市则是在古不列颠王国的遗址上发展起来的。其中包括林肯、圣奥尔本斯和锡尔切斯特，他们城中依旧矗立着高达 14 英尺（约 4.27 米）的罗马墙。还有的城镇作为旅游胜地发展起来，其中最著名的是巴斯城（Aquae Sulis），这座城市在 18 世纪鼎盛期重建时，发现了古巴斯的浴室和寺院，现在已经完全被挖掘出来。还有一些城镇是在原始遗址上建造的，比如埃克塞特（Exeter）。在这些城镇之间，罗马人建造了一个由主干道和次要道路组成的网络，这些道路并不像通常的道路那样笔直，但异常坚固，利特尔伯勒（Littleborough）的黑石边缘现存的穿过荒原的道路就是例证。和伦敦一样，全国各地的道路都是沿着这些路径伸展开来，大部分道路至今还在使用。经由沃特林街（Watling Street）和埃尔米恩街（Ermine Street）向北去，经过科尔切斯特路到东边，由斯坦街到南边的奇切斯特去，往西走，越过横穿奇切斯特的那条路，可以到达赛伦塞斯特（Cirencester）和格洛斯特。

就在这条路的不远处，在格洛斯特郡的切德沃斯，有一座保存完好的罗马别墅的遗迹，这是一座罗马化的不列颠人在帝国时期占领的为数众多的别墅之一。现在已经出土了 600 多座古罗马别墅，从造型简单的单层建筑到由石块和石板砌成的大房子，以及像菲什

第一章 大熔炉时期

伯恩别墅这样富丽堂皇,很可能是罗马征服时代的凯尔特国王科吉杜努斯居住的住宅,种类多样,不一而足。而且,从他们的遗址和周围农场挖掘出的物品中,我们也许可以复兴当时富裕阶层在罗马统治下享受的愉快生活。托加长袍、皮鞋和凉鞋似乎是罗马人的流行装束。在寒冷的天气里,房间装饰着精美的斑岩、大理石、青铜饰品和陶俑,镶嵌着马赛克图案的地板下的加热管道会进行供暖。在吃饭的房间里,有蓝色和琥珀色的玻璃盘子、碗、银盘、刀、勺子、油灯和烛台。卧室的梳妆台上有镜子、黄杨木梳子、药膏罐、香水瓶、挖耳勺、挫皮刀、修甲套装、胭脂罐、耳环和手镯。有用来写信的钢笔和墨水瓶,用来玩游戏的骰子和吧台。有从欧洲大陆进口的葡萄酒(比当地的发酵更好)和橄榄油、埃及进口的地毯、东方进口的丝绸、胡椒和香料。拉丁语是官方语言,大多数受过良好教育的人都能熟练掌握,说得如同凯尔特语一样好。当然,凯尔特语仍然是穷人的语言,尽管融入了许多拉丁词汇。

富裕阶层在罗马统治下享受愉快生活

各种装饰品，如壶和罐成为日常生活用品

在 300 多年的时间里，不列颠一直是罗马世界中一个相对平静的前哨，来自帝国边界外的野蛮人被沿海要塞和军团层层阻隔。例如，东海岸的布兰克斯特城堡、南部的佩文西城堡和北部的哈德良长城，每英里都有一个宏伟的城堡作为防御屏障。这些都是依据哈德良皇帝在公元 121 年访问不列颠时下达的命令而建。海岸线绵延 73 英里（约 117 千米），穿过布满蕨类植物的荒原，从泰恩河到索尔韦河，至今这里都是英国现存的最令人印象深刻的罗马统治时代的地标。

公元 368 年，长城被来自北方的部落占领，部分惨遭拆毁，383 年，长城再次遭到攻击，炮塔里的哨兵和堡垒里的士兵被残忍地屠杀。此时，罗马帝国开始分崩离析。在不列颠岛上，一个又一个军团被征召参加罗马在欧洲大陆的战争，直至 5 世纪中叶罗马已无力庇佑他们。岛上的居民只好自谋生路。

第一章 大熔炉时期

368 年和 383 年，哈德良长城遭到北方部落的攻击

450—1066年

盎格鲁-撒克逊人

敌人们从四面八方围攻罗马化的不列颠人。凶猛的纹身部落成员从苏格兰横冲直下,其他劫掠者驾驶着兽皮和木头做成的轻艇横渡汹涌的爱尔兰海,沿途屠杀西海岸的农夫和渔民。与此同时,在北海岸涌动着的敌人是撒克逊人、朱特人和盎格鲁人。撒克逊人驾驶浅吃水船只,使用匕首或短剑,他们的北方邻居朱特人那时正在现今的丹麦南部从事渔猎和农耕,关于英国人现在的名字则来源于当时日耳曼部落的盎格鲁人。

将士们留着长发和胡须,身着厚实的粗布衬衫和裤子,肩披他们的女人为之缝制的斗篷,这些皮制斗篷每到深夜还可变作毯子,盖在身上为他们带来温暖。这些横跨北海的袭击者拿着铁尖刺矛、战斧、兽皮装饰的圆木盾以及短剑,无情、暴虐的他们在兽性的刺激下欢欣鼓舞,俘虏们像受惊的羊群,被他们赶在队伍的前面。他们的战争号角和野蛮喊叫响彻整个海岸,空气中弥漫着恐怖。他们掠夺、抢劫、强奸和谋杀,然后乘船回到大陆上的家。但没过多久,深受不列颠良田的诱惑,他们开始在岛上定居,筑造简陋的小木屋,并围绕领主们的木制大厅形成一个个的小型社区。

446年,不列颠人最后一次绝望地向罗马请求援助,由于没有得到任何回应,他们便转向一个强大部落首领沃蒂根(Vortigern)寻求帮助,这是从当时混乱和不完整的记录看出来的。沃蒂根提议建立一支像雇佣兵一样强大的撒克逊联合军队(Saxon war party)。

这些人看来是由两名朱特人的首领亨吉斯特(Hengist)和霍萨(Horsa)领导的,他们在肯特海岸外的萨尼特(Thanet)岛上定居下来,那是一片富饶的农田。起初一切都进行得很顺利,但随着定居者们召集朋友和援军,要求越来越多的土地和更为慷慨的报酬,终于有一天他们和不列颠人之间的争吵引发了公开的战争。不列颠人被打败了,撒克逊人继续进军。据诺森布里亚(Northumbrian)德高望重的僧侣比德(Bede)的说法,乡村和城镇都遭到了破坏。比德的历史记述是我们了解这段时期的主要资料,"没有活人去埋葬那些遭受残忍杀害的遇难者,少数在山上被俘的可怜幸存者亦被屠杀,有些人因为饥饿而走投无路,只有向敌人投降以获取食物,即便他们逃脱了一时的屠杀,也注定要终身为奴。有些人悲惨地逃往海外,还有一些人怎么也不愿离开自己的家园,他们勉强度日,过着悲惨而可怕的生活"。

这种对于悲惨荒凉之景的描述可能着墨过甚,但至少可以肯定

亨吉斯特和霍萨在萨尼特岛上定居下来

亚瑟王和亚瑟王宫成为一个传奇

的是,那是残酷的时代,在第一阶段的移民过程中,有一些家庭没有选择忍受,而是横渡海峡逃往古罗马的阿尔莫里卡(Armorica)省。移民共有三个阶段,这整个过程最终创造了凯尔特人的语言,也给了法国的这个大西洋半岛一个名字——布列塔尼半岛。其他家庭显然逃到了英国西部,在那里,一个身为罗马后裔名叫安布罗修斯(Ambrosius)的部落首领,为逃亡者和所有准备拿起武器保卫古老文化的人提供了庇护。

当侵略者继续前进的时候,一群移民在南撒克逊人的王国定居下来,那就是如今的萨塞克斯郡,还有一些人建立了东撒克逊(埃塞克斯)和西撒克逊(威塞克斯)王国,沿着威尔士边境的西部和邓诺尼亚(Dumnonia),也就是今天德文郡和康沃尔郡占据的半

岛，罗马化的不列颠人在那里生存下来。

6世纪的编年史家吉尔达斯的父亲拥有的庄园不断被皮克特族（Pictish）的掠夺者侵占，而后他们便从苏格兰移民到威尔士。据吉尔达斯说，受到撒克逊入侵威胁的罗马化不列颠人和英国部落"就像风暴将至时的蜜蜂一样急切地"涌向安布罗修斯的旗下。想必是为了保护自己免受外国侵略者掠夺，且自己的牲畜免遭其他英国部落袭击，他们建造了一系列的防御土木工程。这些土木工事中包括旺斯代克（Wansdyke），这是一个巨大的分界线，距离因肯彭（Inkpen）50英里，在现在的伯克郡，穿过萨弗内克（Savernake）森林和马尔伯勒丘陵到布里斯托尔海峡，而在这项土木工程的背后，他们似乎经受住了攻击，甚至赢得了偶尔的胜利。正是这个时候，伟大的亚瑟王的传说诞生了，他是不列颠的王者，高贵的骑士和勇敢的战士，他作为安布罗修斯的继任者，坚定地反对敌人。在威尔士僧侣内尼厄斯（Nennius）的记录中，亚瑟王与撒克逊人进行了12场伟大的战役，而且"在所有的战斗中，他都是引人注目的胜利者"。

亚瑟王是否存在现在很难说，但在同时代的确出现了一位实力非凡的英国骑兵领袖。关于亚瑟王传奇以及他英勇的圆桌骑士的力量和魅力，都是毋庸置疑的。以他的名字命名的地方仍然遍布全国，在英国，除了"魔鬼"之外，再没有其他名字被如此频繁地提及。亚瑟王的宫廷所在地卡米洛特自古以来就被认为是一座黄色砂岩山，可能是吉百利城堡的所在地，它矗立在萨默塞特郡宁静而温和的乡村中心地带。近年来，在这里发现了类似康沃尔廷塔哲（Tintagel）出土的陶器碎片、公元6世纪从欧洲大陆运来的玻璃碎片以及同时期的雄伟宴会厅的大致轮廓，据推测，亚瑟王应该就是在卡米洛特出生的。

在内尼厄斯记载的12场胜利之中，最后一场（490—520年）在巴登山（Badon）取得的胜利赋予亚瑟王"战役指挥官"的称号，据信巴登山位于多塞特郡或威尔特郡。这场伟大的胜利，使"960人在亚瑟的一次攻击中倒下"，显然一度带来了和平。但是最终仍无法抵抗撒克逊人对全岛的入侵，在6世纪末，随着盎格鲁-撒克逊人治下的英格兰初具规模，罗马统治下的不列颠几乎被遗忘了。

在北部，诺森布里亚王国是七王国之一，也就是盎格鲁人和撒克逊人建立的王国，诺森布里亚将其边界延伸到西部，而在中部地区，麦西亚（Mercia）王国控制了大片土地，以至到8世纪末，国王奥法（Offa）沿着西部边境建造了被称为"奥法的堤坝"的伟大的土方工程，以抵御威尔士人，很长一段时间内，这个工程几乎控制了所有的英格兰中部、东部和东南部。在南部，威塞克斯王国控制了德文郡和康沃尔以及南部和东部撒克逊人的土地，9世纪初，

硬币上的麦西亚国王奥法的肖像

在他们的国王埃格伯特（Egbert）的统治下，西撒克逊人击败了麦西亚人，甚至声称对特伦特（Trent）河以北的土地拥有统治权。当诺森布里亚人在829年臣服于埃格伯特，并将他视作主人时，埃格伯特理所当然地认为自己是所有英国人的霸主。

不过，这些不同王国的联盟是一个非常松散的组织，而埃格伯特对它的统治并不稳固。联盟没有中央政府，也没有办法建立一支纪律严明的军队来打败海外的新敌人。他们是诺曼人、挪威维京人和丹麦人，这些高大英俊的战士和海盗，就像4个世纪前不列颠人的祖先一样渴望土地。起初，他们乘坐高头船只，沿着海岸大肆掠夺，在峡湾里航行，回家过冬。后来他们安顿下来，在泰晤士河航行，在东英吉利和诺森布里亚海岸涉水上岸。异教徒们一面殴打手无寸铁的僧侣，一面砍杀被称为民兵的不列颠农民，这些民兵是为了抵抗盎格鲁-撒克逊编年史者所说的"伟大的异教徒主人"的入侵而集结的。

基督教在很久以前就来到了英国。公元6世纪末，肯特国王埃塞尔伯特从首都骑马来到海边，与罗马的圣安德鲁修道院院长奥古斯丁会面。奥古斯丁被教皇派去向异教徒传播基督教，由于害怕陌生人的魔法，国王在户外接待了他，但很快被奥古斯丁的真诚说服，允许他向他的国民讲道。几个月后，埃塞尔伯特自己也成为一名基督徒。他为奥古斯丁及其追随者在坎特伯雷提供了一所房子，并于597年允许他成为英格兰的大主教。

7年后，另一位来自罗马的传教士梅利特斯（Mellitus）在伦敦被确立为主教，埃塞尔伯特国王专门为他建造了一座名为圣保罗的大教堂。但是，梅利特斯发现，那些坚定的伦敦异教徒比奥古斯丁找到的肯特人要难对付得多，在他的王室守护神去世后，伦敦人把他们的主教赶出了城门，改信他们原来的宗教并追随以前的牧师。

然而，基督教在英格兰其他地方获得了巨大的成功。在那里，福音不仅由来自欧洲大陆的传教士及其追随者传播，也由来自苏格兰和爱尔兰以及圣林迪斯法恩（Lindisfarne）的凯尔特传教士传播。来自艾奥纳（Lona）的修道士圣艾丹（St Aidan）正是由诺森布里亚的基督教国王圣渥斯沃尔德（Oswald）派去的。来自罗马的传教士认为教皇拥有至高无上的权威，而凯尔特人的福音传教士认为基督教信仰不需要一个最终的世俗仲裁者，两派之间几乎没有什么能达成一致，他们甚至对于确定复活节的日期也存在分歧。于是664年在约克郡惠特比（Whitby）的一座房子里举行了一次教会会议，房子是几年前诺森布里亚国王的侄孙女圣希尔达为修道士和修女建造的。惠特比的会议一致决定支持罗马传教士的教义，预示着罗马传教士与欧洲大陆的联系将更为密切，也为日后由希腊等国的基督教领袖担任主教埋下伏笔，而这一组织形式至今都在延续。668年，教皇任命圣狄奥多尔（St Theodore）为坎特伯雷大主教，672年，他在赫特福德召集了第一个统一的英国教会理事会，对于尚未实现政治团结的教会来说，这是教会团结的一次典范。

随着基督教在英格兰的传播，全岛都建起了教堂，大多数用

诺曼人乘坐着高头船而来

裂开的树干建造的教堂随着时间推移渐渐都消失了，但也有一些是用石头建造的，其中包括伦敦塔旁的万圣教堂、布里克斯沃思（Brixworth）教堂和厄尔斯巴顿（Earls Barton）的北安普敦郡教堂，以及8世纪早期埃文河畔布拉德福德的圣劳伦斯教堂。各种大小修道院、大教堂、小教堂和布道所也在兴建之中，随着教会得到的遗产和获赠的土地增多，它的财富和影响力也在不断增长。

正是英格兰不断加深的基督教化，使它慢慢凝结成一个统一的国家，但同时它也经受着北欧海盗维京人和丹麦人的威胁，这些人在北方建立了良好的基础。到9世纪中叶，北方的势力已经威胁到首都在温彻斯特的撒克逊威塞克斯王国。

在威塞克斯王国，一个了不起的年轻人于871年登上了王位，他就是阿尔弗雷德（Alfred）。他是学者、立法者、战士和国王，也是第一个从早期英国历史的迷雾中清晰浮现出来的伟大政治家。阿尔弗雷德外表平平，却充满自信，舍伯恩主教阿瑟是他的朋友，也是其传记的作者，为国王描绘了这样一幅肖像：阿尔弗雷德国王有着非凡的天赋，为人虔诚而又慈爱，在位期间致力于人民的福祉，他在战斗中勇猛抗敌，且勤奋好学，总是充分利用时间，抓紧一切机会学习和翻译，同时他还不忘政府的义务和职责，甚至发明了一个水钟，以帮助他在这些方面努力践行。

在伯克郡山阿什当（Ashdown）与丹麦人的战斗中，阿尔弗雷德"像野猪一样"战斗。尽管他把敌人打败了，但是，没过多久，丹麦人又卷土重来。很长一段时间里，阿尔弗雷德和一队忠实的追随者在萨默塞特沼泽的阿塞尔尼（Athelney）岛上躲避侵略者，"在丛林的困境中，躲入常人无法进入的地方"，并留下了一个著名的传说：他在一间小屋里找了个栖身之所，一名不知道他身份的农妇收留了他，并嘱咐他照看炉子上烤着的蛋糕，然而阿尔弗雷德因

威尔特郡埃文河畔布拉德福德的撒克逊圣劳伦斯教堂

为专心于思考反攻大计,结果把蛋糕烤焦,受到了农妇的责备。

然而,支持他的人数在逐渐增加,到878年,阿尔弗雷德已经有能力再次与丹麦人作战,并成功击败他们。他令他们留在丹麦法区的沃特林街的一个地方,并说服他们的领袖古斯鲁姆(Guthrum)和他的几个主要战士接受基督徒的洗礼。阿尔弗雷德利用暂时的和平,重组了军队,使那些抱怨因当兵而不得不离开农场一段时间的人心满意足。他建立了一支强大的海军在英吉利海峡巡逻,迫使许多潜在的侵略者把注意力转向法国北部,在那里他们的定居点被称为诺曼底,即"北方人的土地"。

阿尔弗雷德在和平的时候离开了,他把自己的注意力转向恢复英格兰基督教文化。阿尔弗雷德修复被掠夺的教堂,建立学校,安排学者们负责编纂历史和文本翻译,而他自己则翻译了比德的《英吉利民族的教会史》,这本书称颂英国人是一个被选中的种族,并悲悯地感叹,当人们"想要学习知识和文化时,不得不去国外求学",期待有一天"生而自由、有能力使用(阿尔弗雷德恢复的)那些文化设施的人能致力于学业"。

当阿尔弗雷德于900年去世时,英格兰达到空前统一的状态。通过将自己的王国从斯堪的纳维亚的威胁中拯救出来,他鼓舞了其他人,并使西撒克逊人成就了英格兰。他的继任者尽其所能接续他的工作,他的儿子"长者王"爱德华,尽管在学术上不如他那样出色,却如他一般是个英武的勇士。还有他令人敬畏的女儿埃塞弗莉达,麦西亚埃塞雷德的妻子,在其丈夫死后继续统治着王国,人称"麦西亚夫人",她阻止了丹麦人的入侵,并在包括德比郡的贝克韦尔、塔姆沃思和斯塔福德、赫特福德和沃里克在内的战略地点修建了一个防御系统,这些建造的城堡或要塞后来被称为自治市。爱德华的儿子埃德蒙和孙子埃德加逐渐实现了阿尔弗雷德统一英格兰的梦想。丹麦人再次被征服,在973年埃德加不仅被撒克逊人和丹麦人接受为英格兰的国王，同时也被苏格兰和威尔士的国王承认为他们的共主。在959—975年埃德加国王统治的"和平"时期，在学者圣邓斯坦的引领下，男女修道院的数量有所增加，盎格鲁－撒克逊的艺术和文化迎来了迟到的发展。圣邓斯坦是学者、音乐家和工匠，会制造管风琴、铃铛和金属制品，在940年成为格拉斯顿伯里修道院院长，并在20年后成为坎特伯雷大主教。

然而，埃德加国王的后裔们却未能担负起保卫英格兰免受维京海盗再次入侵的重任。他的大儿子爱德华还是个孩子的时候就被人刺死了，另一个儿子埃塞雷德，在他还不到10岁的时候就被圣邓斯坦加冕，被戏称为"仓猝王"或"不明智的人"。他通过收买入侵者来解决问题，巧立一项被称为"丹麦金"（Danegeld）的赋税激怒了人们，人们为了支付这笔款项需要缴纳高额赋税，却未能安抚丹麦人。因此，丹麦国王克努特在1016年接任王位时，将英格兰纳入一个包括挪威和丹麦的斯堪的纳维亚帝国。

克努特是一位坚定、公正的统治者，他煞费苦心地与英格兰人和解，娶了埃特尔雷德的遗孀为妻，成为一名基督徒，这让伊利大教堂的修士很高兴，他们"愉快地唱着歌好似国王划着船经过"。英格兰在他的统治下繁荣昌盛，尽管丹麦伯爵的财富和权力引起了很多人的嫉妒，但丹麦人和英格兰人还是学会了友好地生活在一起。我们今天所知道的英格兰的各郡开始出现，每个郡配以郡法院和郡长官，或者是郡行政司法长官。他们对管理法负责，涉及内容正如早期中世纪世界的法律一样全面。

大多数人仍然住在乡村，但是，现在可能有10%的人口是城镇居民。几个城镇，特别是温彻斯特、诺里奇和约克发展迅速，像南安普敦这样的港口也是如此，英国人从那里出口纺织品、金属制品和食品，还有奴隶和猎犬，这些都是英国人长期以来引以为豪的。这一时期，伦敦的人口大约增加到15000人。

第一章 大熔炉时期

传说中,阿尔弗雷德国王躲在一间小屋里,因烤焦蛋糕而受到责骂

将英格兰并入斯堪的纳维亚帝国的克努特国王

很显然,这样一个国家理应会继续受到外国冒险家的青睐。尽管克努特通过延长"丹麦金"的年度税收维持了强大的船队,在他两个儿子的短暂统治之后,"仓猝王"埃塞雷德二世的儿子爱德华登上王位,他是一个有着雪白皮肤、花白头发的人。由于虔诚他被称为"忏悔者"爱德华,贪婪的眼睛纷纷转向这位懒惰的国王,因为相比于国家事务他似乎更关心宏大的威斯敏斯特修道院的修建情况。

甫一得知爱德华快死了,至少有四个人马上跳出来觊觎英格兰的王位:挪威国王、诺曼公爵和爱德华的王后伊迪丝(Edith)的两个兄弟。两兄弟其中一个是被废除的诺森伯兰伯爵托斯蒂格(Tostig),流亡在佛兰德斯,另一个是哈罗德·戈德温森(Harold Godwinson),威塞克斯的世袭统治者或伯爵,立即利用对手不在英格兰的机会,在威斯敏斯特新教堂的创始人下葬当天为自己加冕。

不久之后,托斯蒂格的手下入侵肯特郡,然后沿着东海岸在林肯郡上岸。托斯蒂格被当地的征召兵打败了,向北撤退,等待挪威国王的到来。挪威国王的斯堪的纳维亚战士们不久就沿着亨伯(Humber)河向约克进发。在南方准备抵抗诺曼人进攻的哈罗德国王得知了这一消息后,立刻北上,在斯坦福(Stamford)桥赢得了一场辉煌的胜利,而他的兄弟托斯蒂格和挪威国王则战死沙场。哈罗德国王精疲力竭的部队回到萨塞克斯唐斯(Sussex Downs),面对着诺曼公爵的军队——他的骑士可是在佩文西登陆过的。1066年10月14日,两军在黑斯廷斯(Hastings)北部展开一场激战。快结束时,哈罗德被杀,按照流传的说法,他是被箭射穿了眼睛,然后被诺曼骑士砍死的,其中一人砍断了他的腿,威廉公爵因此罢免了该骑士的职务。英格兰的盎格鲁-撒克逊王朝亦随着哈罗德的死亡而毁灭。

哈罗德国王于1066年在黑斯廷斯死于诺曼人之手

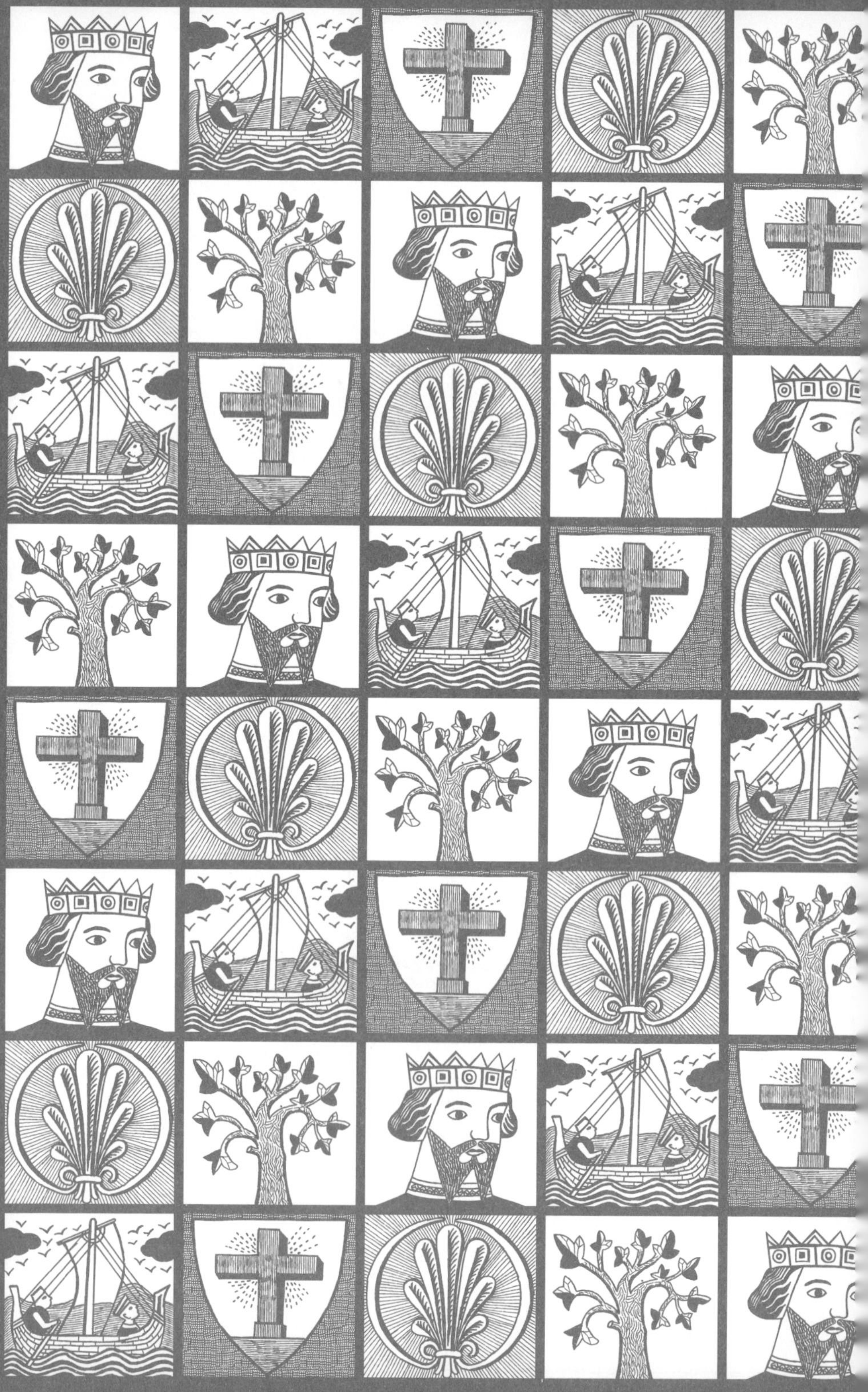

第二章

国家之建立

从诺曼征服（1066年）
到农民起义（1381年）

1066—1154年

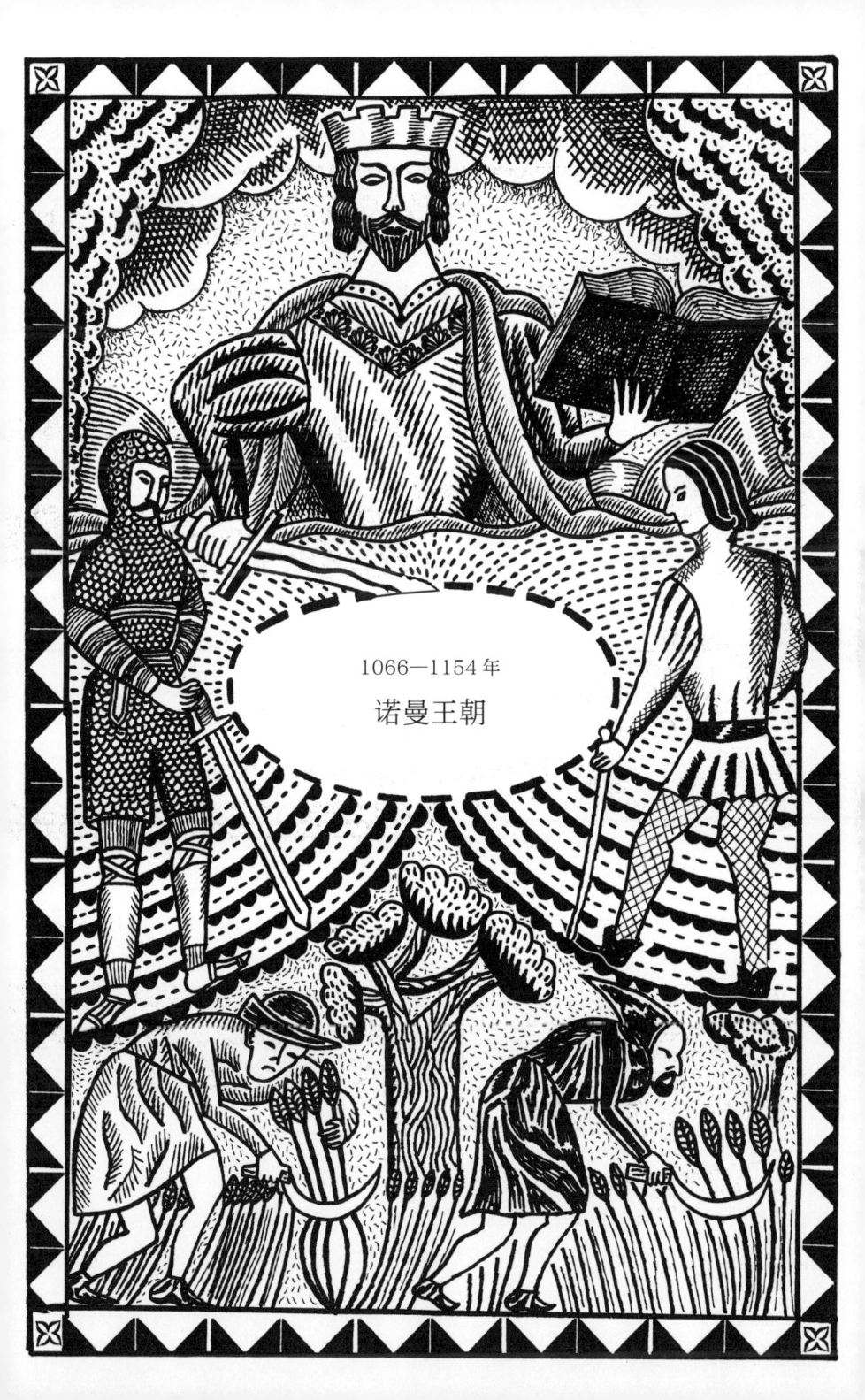

诺曼王朝

诺曼公爵，征服者威廉，当时将近40岁，但是很难确切地描述他是一个怎样的人。他看上去大约有五英尺十英寸（约1.78米）高，比他娇小的妻子高得多，身体非常强壮，甚至是相当肥胖，一头红发，说话带着粗哑的喉音。他是一个暴力、专横、精于算计和贪婪的人，令人畏惧，同时他又懂得节制，是一个虔诚的基督徒，虽然他自己是私生子，但他却是一个忠诚的丈夫。

诺曼公爵有维京人的血统，也有维京人的志趣，因此在持续的争论中他和他的追随者总是占据优势。一种观点认为，他们入侵了英格兰，剥夺岛上人们的自由，杀死他们勇敢而高贵的哈罗德国王。哈罗德国王是"我们本土自由的英雄和烈士"，这记录于E. A. 弗里曼教授在1870—1879年出版的五卷本经典的《诺曼征服的历史》(History of the Norman Conquest)中。另一位维多利亚时代的杰出人物托马斯·卡莱尔提出了不同的解释：诺曼人把我们从原始的肮脏中拖了出来。在他们来之前，英国人是什么样子？"一个由朱特人和盎格鲁人组成的贪吃的民族，并非什么伟大的组合，只会挺着大肚子慢吞吞地走来走去。"

现代学者确切地警告我们，要警惕对这一古老而持久的争论传统的误解，要认识到盎格鲁-撒克逊文化的成就以及诺曼征服的贡献和残酷。

当然，威廉并不打算屈服于他的英国敌人。他对英国王位的企图心得到了教皇的支持，在宗谱上他比竞争对手更有说服力。他决心登上英国国王的宝座，征服所有拒绝承认他在黑斯廷斯的胜利已将英格兰变成诺曼王国的人。此时，这个王国还处于动乱之中，诺森布里亚和麦西亚的伯爵都拒绝臣服，他们退居北方，宣称爱德华国王的小侄子埃德加为哈罗德国王的接班人；坎特伯雷大主教和约克大主教都支持埃德加为哈罗德的合法继承人。爱德华国王的遗孀仍然控制着古老的西撒克逊首府温彻斯特，而作为英格兰统治的关键，伦敦的大门，也对入侵的诺曼人关闭了。

威廉意识到伦敦的重要性，承认用仅有的数千名骑士和弓箭手进攻这座面积广阔、防御良好的城镇将面临种种困难，他决定包围它。在放火烧毁泰晤士河南岸萨瑟克郊区的木制建筑后，他向西进军伯克郡（Berkshire），接着向东北进军伯克姆斯特德（Berkhampstead），将沿途乡村一一摧毁。一旦伦敦被孤立，他的敌人就会像他所希望的那样，一个接一个地投降，效仿"伦敦所有的首领把人质交给他，而他则承诺自己将会是一个仁慈的君主"，如果他们心甘情愿地臣服于他，身为统治者的他也会公正地对待他们。他在圣诞节前不久攻入伦敦，圣诞节那天，他在威斯敏斯特大教堂加冕为英格兰国王。在那里，人群的欢呼声被外面站岗的诺曼士兵误认为是有人在号召起义，于是他们开始镇压英国群众。在一些地方，与诺曼人的战斗一直持续着，本来威廉在加冕3个月后便回到诺曼底，这使他不得不返回英格兰，以平息因他那些男爵贪婪无度所引起的反抗。通常来说，大多数大权在握且野蛮暴虐的人的共同特点似乎是，在面颊两侧的铁制护鼻罩下会长出茂盛的络腮胡子。回到英国后，威廉没有表现出多少怜悯之心，大片的乡村被夷为平地，远至埃克塞特（Exeter）和达勒姆（Durham）的城镇都化为他盛怒之下的牺牲品。在英格兰北部，数百平方英里的土地遭到破坏，整个村庄被摧毁。为了复仇，英格兰人"到处埋伏在树林和

征服者威廉决定包围伦敦

偏僻的地方，伺机杀死（可恨的诺曼人）"。与此同时为了教训英格兰人，诺曼人出台了一项《英格兰人法》，规定发现一具尸体时，除非能证明该尸体是英格兰人，否则应视为诺曼人，并将对距离该尸体最近的村庄判处高额罚款，但若证明死去的是英格兰人则不用罚款。到12世纪末时，人们已经很难区分这两个种族。他们"在一起生活了这么久，（已经）通婚了，彼此交融和同化"，以至于同时代的人"（再也）不去区分英格兰人和诺曼人了"。

那时，在盎格鲁－撒克逊时代已经发展起来的"封建土地制度"成为一种被接受的生活方式。按照这个制度，威廉赐予他的追随者——布列塔尼人、弗莱明人以及诺曼人大量英格兰的土地和房产。这些遍布全国的土地资产被认为归威廉国王一人独有，所以那些被赐予土地的人就不能轻易结盟来反抗国王的统治。因此，获得这片土地的男爵和伯爵们成为国王的直属封臣，他们必须对国王宣誓效忠，必要时还必须为国王征召适当数量的骑士服兵役。被召集时，他们需要在大议会（Grand Council）中任职，大议会的前身是贤人会议（the Witan），即盎格鲁－撒克逊国王的议会，而现在的英国议会就是从这个大议会发展起来的。封臣们保留了他们想要的大部分土地，将剩余的土地分配给骑士，骑士作为转租人又将部分土地分配给实际耕种土地的人，这些人要么是自由人，要么是农奴。这些处于封建等级制度底层的人，在主人要求的时候为主人服务，并在规定的时间内在自己的田里劳动，以此来为各自所占的土地份额买单。身为自由人的佃户如果愿意可以离开土地，在其他地方定居，但更多的农奴都被绑定在他们主人的土地上，在大多数情况下，只有通过偿还欠款，或者逃往其他小镇而在4天内未被抓回才可以使他们获得自由，否则法院将会下令要求主人将其带回继续服役。

为了有一个记载威廉所有的土地、租户和财产的可靠记录，以便了解佃户理应缴纳的所有税款，他下令对其资产进行整理汇编，汇编成册的书被称为《末日审判书》(*Domesday Book*)[1]，现存于英国国家档案馆。从中可发现，在1086年时，全国大约一半的耕地掌握在170位封臣手中，其中仅有两位是英国贵族。大约五分之一的土地由国王亲自持有，其余的大部分由主教、修道院院长和其他宗教机构的负责人持有，他们通过祈祷者的捐赠或"盾牌钱"来支付土地税款。"盾牌钱"即兵役免除税，是一种以纳税的方式来免除骑士服兵役的税款，越来越多的佃农通过盾牌钱免服兵役。

对于生活在阴影笼罩中的英国农奴来说，象征新地主和主人权力最明显的标志莫过于今日遍布英格兰的城堡。在诺曼人到来后的一代人的时间里，矗立起的城堡不下500座，还有一些则是逐

---

[1] 《末日审判书》又叫《英国土地调查清册》，是威廉一世的官员整理的英格兰土地勘察记录。1066年诺曼征服后，威廉派人到英国各地彻查土地人口等情况。这种调查就像基督教中的末日审判（Last Judgement）一样，所以按照世界末日（doomsday），即末日审判的说法命名此书。——译者注

年建造,光是肯特郡就有40座。早期的城堡通常是木制结构,设计相当简单。它们被建在土丘上,周围由沟渠环绕,在城堡外围每侧都建有一个用木栅栏防卫的高塔。沟渠中常常充满了水,一座吊桥横架沟渠之上,通往城堡的唯一大门。温莎城堡和伦敦塔最初就是用这种朴素的方式建造的。然而,随着时间的推移,城堡不仅是用来征服心怀不满和不守纪律人的象征,也是作为驻军、补给基地和加强管理的行政中心,而且还是用石头、燧石或碎石打造的贵族住宅。它们始终是令人生畏的堡垒,有着极其宽厚的城墙、高耸的塔楼和护城河,有时,就像凯尼尔沃思(Kenilworth)城堡一样,外墙上有一个楼梯,通往楼上一扇厚重、防护严密的门。楼上有卧室、餐厅、礼拜堂,在较大的城堡里,还有一些有柜子的房间,里面存放着衣服、贵重的家居用品,包括昂贵的香料,与珠宝和盘子一同锁在箱子里。每个郡都可以看见这样的城堡,被摧毁、修复或是重建,这些城堡或者沿着多佛尔(Dover)和班堡(Bamburgh)的海岸,或者位于西部的朗塞斯顿(Launceston)和伯克利(Berkeley),或者在萨塞克斯的刘易斯(Lewes)和阿伦德尔(Arundel),或者沿着威尔士边界地区的拉德洛(Ludlow)和切普斯托(Chepstow),在约克郡的里士满(Richmond),还有可能在英格兰中部地区的罗金厄姆(Rockingham)和奥克姆(Oakham)等。奥克姆有一个绝佳的例子,即诺曼城堡的大厅,像一座有着中殿及两侧通道的教堂,因为当时的技工尚未掌握横跨屋顶的工艺。

相比城堡,教堂更是无所不在。因为人口迅速增长,并被划分为教区,郡内的街区几乎没有改变,一直延续到我们这个时代。在诺曼征服之后的几年中,北方遭受了无情的破坏,人口相对较少。在约克郡,人口可能不超过3万人,在整个北方,每平方英里的人口大概不超过4人。但在南方,几乎没有哪个郡的人口低于5万人。德文郡大约有7万人,林肯郡有9万人,人口最多的诺福克郡有

《末日审判书》于1086年完成

近10万人。到《末日审判书》的时候，英格兰的人口似乎已经接近200万人。大多数人仍然住在乡村，因为除了5个最大的城镇之外，其他城镇的居民都不到1000人，而从朴次茅斯（Portsmouth）到纽卡斯尔（Newcastle），从利物浦（Liverpool）到金斯林（King's Lynn），后来要建设的大城市甚至那时还不是乡村。一些城镇，比如伯克郡的纽伯里（Newbury），是后来的诺曼人建立的，但大多数发展缓慢的城镇是由撒克逊人建立的。在罗马时代人口众多的圣奥尔本斯，今天有超过8万居民，而1086年只有46名市民。

然而，即使在北方，建筑工人也在忙碌地工作，或者建造新教堂，或者重建撒克逊人的教堂，他们往往采用罗马式的建筑风格，圆形拱门、方形塔楼和普通拱顶受到罗马帝国建筑师的青睐。牛津郊外伊夫利（Iffley）教区教堂的西面，是诺曼式建筑中最令人满意、最坚固的一个精妙建筑。达勒姆教堂的中殿，就是早期英国教堂中殿的样式，史密斯菲尔德（Smithfield）教堂和圣约翰塔就是伦敦的两个礼拜地，它们和圣巴塞洛缪（St Bartholomew）教堂都有着浓浓的诺曼教堂的氛围。达勒姆大教堂始建于1093年，那时至少有14座英格兰最伟大的大教堂已经在建造之中，其余的都是在下个世纪初开始建造的，只有一处例外。这个例外就是索尔兹伯里（Salisbury）大教堂，它直到1220年才开始修建，但在索尔兹伯里以北两英里的古塞勒姆（Old Sarum），有座大教堂从1092年以来就一直存在。

威廉对英国教会的发展产生了浓厚的兴趣，促使他从诺曼底召回出生在意大利的兰弗朗克（Lanfranc），任命他为坎特伯雷大主教，将典型的诺曼效率带入教会事务的管理中，并主张使英国教会更接近罗马。然而，尽管国王公开表示尊重教皇和罗马教会，但他还是小心翼翼地保持着自己的独立性。未经教皇允许，任何主教不得访问罗马，甚至不得写信给教皇；未经他的明确同意，不得在他的大领域内实施驱逐。虽然威廉决心在教会中成为最高领袖，就像他这个国家的国王一样，哪怕这经常使兰弗朗克与教皇发生争执，但大主教对国王始终忠诚，听闻威廉在欧洲战场上受伤去世的消息时，兰弗朗克悲痛欲绝，僧侣们一度认为他有可能也会死。

由于担心威廉选定的儿子完全不适合继承王位，兰弗朗克甚为苦恼。这个儿子也叫威廉，因为他面色红润而被称为鲁弗斯（Rufus），是一个身材矮小、体型稍胖、脖子略粗的男人，他说话尖刻，爱挖苦人，脾气粗野，恃强凌弱。他嘲笑神职人员的虔诚，侮辱外国使节，炫耀自己的同性恋嗜好。在国王挪用了大主教的收入很长一段时间后的一天，安瑟尔姆（Anselm）被任命为兰弗朗克的继任者，担任坎特伯雷大主教。有一天，国王问当时的首席神学家安瑟尔姆将在下次布道中谴责什么罪，他勇敢地回答道："是所多玛（Sodom）的罪。"[1] 国王听完当着他的面大笑起来。

红脸威廉虽然接受了那些通过行贿来逃避法律制裁的罪犯的

---

[1] 所多玛为地名，首次出现在《旧约圣经》的记载中。依《旧约圣经》记载，所多玛是一个沉溺男色而淫乱，不忌讳同性性行为的性开放城市。安瑟尔姆在这里用以讽刺谴责威廉二世有悖当时伦理的同性恋倾向。——译者注

钱，但同时对那些得罪他的人采取了比他父亲更为严酷的刑罚。比如将一名反叛贵族的双眼刺瞎，遍体划伤，然后在索尔兹伯里的每一个教堂门前鞭笞他的管家，并最终将管家绞死。但没有谁比违犯《森林法》的人更让他愤怒了，他对违犯《森林法》者的惩罚手段最为狠辣。

他父亲因为严格执行这些残酷的法律以及扩大皇家森林的面积而引起很多人的仇恨，这些成千上万英亩的土地上并不全是树木，所以国王和他的朋友们可以在那里游猎。为了给自己保留这种乐趣，威廉一世会狠狠地惩罚偷猎的人，刺瞎他们的眼睛，并残害其身体。甚至那些在皇家土地上拾柴的人也会受到野蛮的惩罚。威廉常常不顾富人和穷人的反对和请求，他"并非憎恨他们所有人，只是如果他们想要生命、土地或财产，就必须服从他的意志"。在创建汉普郡（Hampshire）"新森林"的皇家游戏保护区时，他拆除了民居和整个村庄，新森林如今仍占地9万多英亩。新森林也不是皇家森林中最大的，整个埃塞克斯都受《森林法》的约束，在英格兰中部地区，在伯克郡的温莎和牛津郡广袤的土地也是如此，伍德斯托

威廉一世惩罚在皇家森林偷猎的人，刺瞎他们的眼睛，并残害其身体

克（Woodstock）的盎格鲁－撒克逊国王的狩猎公园一直掌握在王室手中，直到18世纪初，安妮女王将之赏赐给第一代马尔伯勒公爵，为其修建布莱尼姆宫（Blenheim Palace）。[1]

到威廉一世孙子辈的时候，皇家森林的范围已十分广袤，覆盖了全国近三分之一的地区。其余的相当大一部分英国土地被国王的封臣圈为禁猎区。其中一些保护区现在仍在私人手中，比如第18代德比（Derby）伯爵的财产诺斯利公园（Knowsley Park）。而在另一些地方，成群的红鹿和黇鹿仍然在古老橡树的树荫下漫步于岩石和蕨草之间，就像在莱斯特郡（Leicestershire）的布拉德盖特公园（Bradgate Park）一样，那里的石鹿和雄鹿曾被中世纪的温彻斯特伯爵猎杀过。

1100年8月，国王威廉二世在新森林狩猎时被箭射中身亡，这要么是意外，要么是故意为之。他的同伴们不见了，尸体滴着血，被当地的农奴用马车运到温彻斯特，埋在最近才被圣化的大教堂里。埋葬后不久，教堂的塔身就塌了，这场灾难被认为是由于这位令人无法忍受的国王不配享受基督教的安葬仪式才降临的。

"凡是上帝和虔诚之人所厌恶的事情，在他的时代，在这个国家里都是司空见惯的。"一位英国编年史家写道，"所以他为自己的子民所厌弃，为上帝所憎恶，正如他的结局，多行不义必自毙，没有忏悔，也没有赎罪。"

---

[1] 约翰·丘吉尔，第一代马尔伯勒公爵（John Churchill, 1650年5月26日—1722年6月16日），英国军事家、政治家。因布莱尼姆战役的辉煌胜利而得到了安妮女王的巨额赏赐，并修建了一座据说比皇宫还精美华丽的布莱尼姆宫。后来的英国首相温斯顿·丘吉尔是他的直系后裔，出生于此。——译者注

第二章　国家之建立

威廉一世残酷的《森林法》激起民愤

亨利是威廉的弟弟，当天也在新森林里打猎，得知国王死后，他立刻把王室的财宝和徽章据为己有，并在威斯敏斯特大教堂加冕为王。他贪婪、狡诈、冷酷无情，正如他父亲一般凶残。他对杀戮情有独钟，据说他曾残忍地将一名囚犯从城堡的高塔扔到下面的河中。但他急于向英国人证明，他哥哥那个无法无天的时代已经结束。他把备受憎恶的达勒姆主教、威廉极其讨厌的首席顾问兰纳夫·弗兰巴德（Rannulf Flambard）囚禁在伦敦塔；他把被威廉放逐的安瑟尔姆从法国召回坎特伯雷；他向人们发表宣言，承诺尊重他们的权利；他制止了皇家侍卫的掠夺行径，在他哥哥统治时期，在王室及其他部门任职的皇家侍卫曾因抢劫和强奸而臭名昭著。他也经常鞭策自己，尽可能多地探访王国的各个地区，并密切关注那些对国王忠心耿耿的公爵。一位编年史家写道："人们对他肃然起敬，在他那个时代，没有人敢做错事。"他擅长阅读和写作，那时很少有人能掌握这些技能，即使是地位最高的人也不例外，他以渊博学识和强硬手腕而闻名，人们称他为"好学者"亨利（Henry Beauclerk）。

亨利以身作则赢得了人们的好感，在他迎娶了一位英格兰妻子后不久，其他诺曼贵族也纷纷效仿。他的妻子玛蒂尔达·邓凯尔德是阿尔弗雷德大帝的直系后裔。在众多情妇为他生了一个又一个女儿之后，邓凯尔德为他生了一个儿子，他对这个男孩寄予厚望，当白色船失事，这位"最佳的继承人"与乘客全部淹死于海中时，据说国王听闻噩耗瘫倒在地，昏迷不醒，正如每个英国小学生都知道的那样，从那以后，国王再也没笑过了。

这个男孩的母亲也在那时去世了。国王再婚，第二任妻子是下洛林（Lower Lorraine）公爵的女儿，但她没有给他带来一儿半女，所以他决定让溺亡王子的妹妹玛蒂尔达做他的继承人。这位年轻女子在她哥哥溺水时已19岁，她在12岁时嫁给了神圣罗马帝

第二章　国家之建立

据说，亨利一世在那艘载着继承人的白色船沉没后，他再也没有笑过

国的皇帝，在他死后又嫁给了法国安茹伯爵戈德弗鲁瓦。大多数贵族都对玛蒂尔达做他们的女王表示不满。她在国外住得太久了，在他们看来她就像个外国人，除此之外，他们还认为她太过专制和蛮横。事实上，据利雪（Lisieux）的一位见证人安洛夫（Annulf）所言，除了她那毋庸置疑的美貌外，她是一个"没有一点女性气质"的女人。许多贵族更喜欢玛蒂尔达的表兄、布卢瓦（Blois）的斯蒂芬当国王，布卢瓦伯爵是征服者威廉的外孙，他母亲是威廉一世的女儿，他和蔼可亲，看上去随和、慷慨，他向潜在的支持者许下承诺，会在成为国王后给予他们丰厚的回报。

在亨利国王死后，斯蒂芬迅速赶往英格兰，并在伦敦受到拥戴。他的弟弟"布卢瓦的亨利"是英国最有权势的主教，在1135年圣诞节前不久，成功说服坎特伯雷大主教在威斯敏斯特大教堂为斯蒂芬加冕。

玛蒂尔达此刻还在诺曼底，她对表兄的失信行为感到愤怒，向教皇提出上诉，但没有成功。随后，她想尽一切办法阻止斯蒂芬。她在萨塞克斯登陆，前往布里斯托尔（Bristol），英格兰西南部的贵族们都支持她，最终玛蒂尔达顺利抵达伦敦。那时，斯蒂芬的统治软弱无能，雇佣的弗莱明（Flemish）军队凶恶残暴，弗莱明顾问伊普尔的威廉大权独揽，对亨利一世苦心经营的财富随意挥霍，而且他还违背退林还耕的誓言，那时的英格兰人，无论平民还是贵族，都对斯蒂芬表示不满，但似乎也并没有因此就更喜欢玛蒂尔达。玛蒂尔达比以往任何时候都更为跋扈傲慢，因为那时她正控制着首都伦敦，她没有加冕就沿袭了女王的头衔，在没有权力的情况下，仍然征用土地，一个代表伦敦公民的请愿团请求她遵守古代法律时，她对他们骂不绝口，并将他们赶出了房间。然而不久之后，她自己也被赶出了伦敦。

多年来，斯蒂芬和玛蒂尔达及他们各自的伯爵盟友为争夺王位相互争斗，彼得伯勒的一位僧人曾描述过这段令人毛骨悚然的日子，人们生活在一个特殊的动荡时期，以至于当"上帝和天使睡着"的时候，日子就像"十九个漫长冬季"一样遥遥无期。贵族们"让这些可怜人为他们修建城堡，待修缮完毕，城堡里会聚集恶鬼和淫邪，这些鬼怪会把那些自以为富庶的贵族，连男带女，都收在监里，用他们的金银财宝折磨他们，令人苦不堪言"。

确实发生过这样的恐怖事件。征服者威廉一个骑士的孙子杰弗里·德·曼德维尔（Geoffrey de Mandeville），为一己私利常常见风使舵，手中紧握各种特权，还拥有埃塞克斯伯爵的爵位。他在国内胡作非为，肆意侵犯，烧杀抢掠，敲诈勒索，1144 年的夏天，他在伯韦尔（Burwell）被箭射中，一命呜呼。1147 年，第二次十字军东征征召了许多冒险家离开国家，第二年年初，玛蒂尔达回到诺曼底，从此再未踏上英国的土地。最混乱的时期过去了，直到在多佛尔去世，斯蒂芬又统治了 7 年。他被安葬在他建立的法弗舍姆的克吕尼修道院（Cluniac Faversham Abbey），他的竞争对手玛蒂尔达和第二任丈夫的儿子继承了他的王位，这个儿子在 1154 年以亨利二世的身份加冕。

斯蒂芬和玛蒂尔达之间的不和导致了多年的动乱

1154—1215年

金雀花王朝

人们总说，当金雀花王朝的第一位国王亨利二世在宫殿里四处走动的时候，手里从来不会空着，他要么拿着弓，要么拿着书。毫无疑问，他沉迷狩猎，打猎的时候凶猛且专注，同时，他也比同时代的任何一位欧洲君主都要有更多的学识。从幼年起，亨利二世就"饱读诗书，研习礼仪，学习一切王室贵族应该具备的知识"。当他21岁登上王位时，他的拉丁语和法语一样流利。据说他通晓比斯开湾和约旦河之间英语外的所有语言。他从来没有失去对文学的热爱，也十分热衷于学术交流和讨论，在逐鹿打猎的漫长一天之后，他仍会讨论到深夜。他似乎从不疲倦，也从不满足。

他站着处理所有的事务，弓着腿来回踱步，腿上满是马鞍弄的伤痕，来回摆弄他的狩猎用具，"用潦草的文字或低沉的对话来消遣，在做弥撒时保持深沉的静谧"。他又矮又胖，一头红发剪得很短，粗糙的皮肤上布满了雀斑。他的眼睛很突出，经常充血，当他勃然大怒的时候，似乎连眼睛都变了颜色，盛怒使他无法控制，躺到地上牙齿咬得吱吱作响。

然而，根据一位英国编年史家的记载，"所有的人都爱他，因为他主持正义，实现了和平"。当然，对于一个决心终结斯蒂芬国王统治时期的混乱局面的人，很多事情是可以被原谅的。亨利二世倡导的改革，19世纪的历史学家习惯给予他更多的赞誉，而不认为只是他应尽之义务。自那以后，人们便一直强调该国法律机构的

第二章　国家之建立

亨利二世在皇家森林狩猎

发展在他1154年加冕之前已经取得了巨大进步。然而，他的成就是显著的，特别是因为英国只是他广阔领土的一部分，从卢瓦尔（Loire）河一直延伸至比利牛斯山脉，因此他不得不把大部分时间都花在欧洲大陆上。在英格兰，他精力旺盛，如着魔一般，全身心地投入到他所面临的难题中。他解散了那些折磨了他的臣民太长时间的弗莱明雇佣军；拆毁了斯蒂芬时代建造的几十座城堡；加强和扩大了行政长官们的权力；官员们现在都要接受法律培训，并对各自辖郡内的军事和司法事务负责；收回王室遗产并扩大其影响力，而这一切的代价是向趾高气昂的男爵们收取赋税而非军事服务，同时，依靠由英国自由民组成的民兵获得军事保障。法律上，他主张自亨利一世时期就施行的司法程序，即国王法院和国王法官的管辖权侵犯了在地方领主大厅举行听证会的旧法院的管辖权。通过从管辖范围内的罚款和费用可以获得巨额利润，国王决心将这些利润收归已用。因此，以前本来要在当地男爵法庭审理的案件，现在越来越多地在王室巡回法官面前审理，他们在监视下巡回审理，严谨公正地引用法律条文，并在管辖区的习俗上逐步建立习惯法，在那之前法律不仅因郡而异，甚至因社区而异。此外，陪审团制度的起源可以追溯到原始审判，在审判中，证人被要求提前宣誓被告无罪，最终取代了古老英国的沸水、热铁神判法，以及后来古老诺曼人的武力决斗法。

根据生活在亨利二世时代的人们的记忆，这两种判定有罪或无罪的方法仍然十分普遍。事实上，直到1219年，严酷的神判法才被正式废除。神判法发生在教堂，或是在教堂外挖的坑里，在那里点燃火，准备好一碗水和绷带。所有目击者"在当晚要禁食禁欲"，都被洒上圣水之后，要一一亲吻"福音书和象征基督教的十字架"。水烧开以后，被告要将缠着绷带的胳膊伸入水中，挑出一块碗底的石头。三天后，取下绷带，如果被烫伤就认为其有罪。另一种代替沸水神判法的是"热铁神判法"，被告要赤手空拳地拿起一根炽热的铁棒，同时走三步，之后牧师会包扎他的手，三天后，如果出现胡桃大小的水泡，他就被宣布有罪。

14世纪偶尔还存在决斗神判法，在武力决斗中，会有三位牧师参加格斗，他们在比赛当天做弥撒，并在比赛开始前为马具和武器祈福。妇女、老人和体弱多病之人不必亲自参加比赛，允许他们任命勇士，牧师亦可如此。但牧师们可以免除严酷的决斗神判法，改成在祭坛前吃一片面包和奶酪。人们会向上帝祈祷，如果神父有罪，就派天使长加百列（Gabriel）去扼住他的喉咙，如果他成功

第二章　国家之建立

握持滚烫金属是古老英国的神判法之一

吃下了食物，就会被认为是无辜的。神职人员也有一些特权，当被指控犯罪时，他们只能在教会法庭受到惩罚。如果他们被判有罪，尽管会被解除神职，但更有可能只被判苦役。随着时间的推移，神职人员的这种特权逐渐演变为在任何法庭上为死刑辩护，不仅是牧师和僧侣，任何被控犯罪的人只要能拿出证据证明他是一个受过教育的人，都可以提出要求。法院提供几行文字，如果能顺利读出就是受过教育的充分证据，哪怕文盲囚犯经常买通狱卒，在其帮助下背诵这些文字。

正是神职人员享有这些特权使亨利国王与教会发生了冲突。他鼓励制定习惯法和扩大王室管辖范围的努力并没有引起贵族们的太多反对，大多数贵族都很高兴看到这样的事情发生，为了维护王国的良好秩序，那些让他们不愉快的势力被削弱了。但当他试图把在教会法庭被判有罪的神职人员送上民事法庭判刑，并阻止直接向罗马提出上诉时，教会被激怒了，致使他与坎特伯雷大主教之间爆发了激烈的争吵。

这位大主教是托马斯·贝克特（Thomas Becket），他的父亲是一位定居伦敦的诺曼商人。贝克特才华横溢、个性出众，在40岁之前就被任命为英格兰上议院议长，即国王的首席大臣，这是自英格兰被征服以来第一个出生在英格兰且担任如此崇高职务的人。他与亨利二世是密友，据说他们形影不离。贝克特成为大主教一年后，贝德福德（Bedford）的一名牧师被林肯法庭的主教宣判谋杀罪不成立，国王要求该男子出席民事法庭接受指控。但贝克特拒绝了，他反驳国王，认为亨利二世应该到坎特伯雷的教会法庭为这个案件辩护。争论变得越来越激烈，直到贝克特决定出国才渐渐平息下来。他在欧洲大陆度过了6年的苦行生活，这与他曾经在法庭上的领导生活形成鲜明对比，加之国王对他紧追不舍，他威胁要开除亨利国王的教籍，并对他的敌人实施报复。亨利因为曾经喜欢过贝克特而更加憎恨这位昔日的密友，为了复仇，他驱逐了贝克特所有的近亲，没收了他的财产。1170年，他无视所有先例，公然藐视教皇，最后一次侮辱贝克特，让约克大主教为其长子加冕，成为新的王位继承人。亨利担心自己做得太过火，害怕这种对教会的蔑视会激起教皇禁止英国人参加圣礼，于是与教会达成一项协议，同意贝克特返回坎特伯雷。但很快又爆发了新的争吵，亨利在视察他的大陆领地时，无奈吼道："我是养了一群怎样的蠢货和混蛋，就没有谁能帮我摆脱这个胡闹的教士吗？"四个骑士听到了国王的话，毫无疑问，他们希望得到奖赏，于是乘船去英格兰谋杀了贝克特。他们与他在大教堂中相遇，用剑将他砍倒，最后一击将贝克特受伤的头颅劈开，脑浆四溅，洒到北耳堂的石板地上。

第二天，贝克特的尸体被埋进地窖，其坟墓几乎瞬间就成了

第二章　国家之建立

1170年托马斯·贝克特在坎特伯雷大教堂被谋杀

朝圣之地。因为在乔叟[1]及其之后的时代,"从英格兰的每一个郡开始",朝圣者都要前往坎特伯雷"去寻找神圣而幸运的圣战者"。1173年,这位殉道者被册封为圣徒,第二年,国王认为明智的做法是在坎特伯雷为贝克特之死穿上朝圣者的丧服公开忏悔,他还允许教会70名僧侣鞭打自己。

亨利余下的15年生活并不幸福。他与阿基坦(Aquitaine)的埃莉诺(Eleanor)结婚后不久,就爱上了拥有威尔士边境沿线大量庄园的沃尔特·德·克利福德(Walter de Clifford)之女罗莎蒙德(Rosamond)。传说中,这个女孩"就像是大自然的杰作",被藏在伍德斯托克迷宫里的塔楼中,远离人们的妒嫉目光。他对这个美丽女孩的爱恋至少是他与妻子不和的部分原因,在普瓦捷(Poitiers)的法院里,她鼓动儿子们一起反对他。多年来,亨利断断续续地与这些儿子和他们的盟友法国国王交战,直到1189年,失去了勒芒(Le Mans)和曼恩(Maine)地区的所有主要城堡,他被迫同意与他们签订条约,并向幸存的长子理查德的追随者支付大笔赔款。当看见理查德弟弟约翰的名字也出现在与他作战的名单上时,国王心碎了。亨利二世奄奄一息时,他把脸转向墙壁,喃喃地说:"够了!随它去吧。我不再关心我自己,也不再关心这个世界了。"

亨利二世于7月6日去世,两个月后理查德在威斯敏斯特加冕。理查德勇敢、潇洒、冲动,对诗歌情有独钟,看起来更像一个浪漫的骑兵领袖而非国王。从一开始他就不愿意把精力放在英国政府上,在长达10年的统治时期,他几乎没有花超过4个月的时间用于治理工作。他虽然出生在牛津,但是说法语,自认为是法国人,视英格兰为可以用来筹集资金的遗产。加冕的时候,他承诺自己会参加第三次十字军东征,接着他指示手下在全国搜寻资金,为他的

---

[1] 杰弗里·乔叟(Geoffrey Chaucer,1343—1400),英国诗人,被认为是中世纪英国最伟大的文学家,他的作品有《坎特伯雷故事集》等。——译者注

第二章　国家之建立

亨利二世的妻子阿基坦的埃莉诺，鼓动他们的儿子反对亨利二世

骑士打造最精良的武器，为舰队提供最凶悍的装备，据记载，他曾"出售所拥有的一切"。大大小小的王室财产被变卖，把他同父异母的兄弟卖给约克大主教，并释放苏格兰国王，以1万马克的价格换取他的效忠。据说，他曾宣称，如果我能找到一位足够富有的买家买下伦敦，我会把它卖掉。他如自己所愿地在战斗中死去，是在包围沙吕（Chalus）城堡时中箭而死的。他做了一个典型手势，下令放过射杀他的弓箭手，但是，和往常一样，当城堡被占领时，他的卫兵队长便将此人活活剥了皮，并绞死其所有同伴。

后来约翰继承了英国王位。他与哥哥无论在性格上还是外表上，都毫无相似之处，尽管他想成为一个有吸引力的人，尤其在对女人的选择上他有着跟他父亲类似的品位。身高不到五英尺（约1.52米）的约翰，面容姣好，眼睛大且明亮，拥有一头长长的卷发，胡子亦修剪得整整齐齐。但是关于他的性格，却从来没有什么好话。一位维多利亚时代的历史学家形容他为"邪恶的怪物"，另一位则描述他"卑鄙、虚伪、报复心强、残忍至极……轻浮和懒惰……自我放纵、可耻且不道德……他既贪得无厌又挥霍无度，向臣民勒索钱财，骄奢无度。他脾气暴躁，性情倔强，但他毫无坚定的意志，本质上是个懦夫……虽然他非常迷信，但他却习惯性地亵渎神灵，不信宗教"。从"理性时代"起，他就有拒绝圣餐仪式的习惯，毫不在意打断主教的布道，把钱包里的硬币耍得叮当作响，说他要吃早饭。

近年来，人们一直在努力挽回约翰的名誉。因为一直以来人们怀疑在他有生之年，他不仅谋杀了他的侄子，他哥哥的儿子杰弗里，合法的王位继承人，而且还在他妻子的床柱上绞死了妻子的仰慕者。

的确，约翰是一个机灵的士兵，尽管他从英国榨取的财富和他哥哥一样多，但他并没有忽视舰队。他通过在自己的法庭上听审案件，醉心于法律程序，在英国普通民众中赢得了理性法官的声誉。他绝不是庸俗粗鄙之人，很会挑选书籍。在他那个时代，他以干净整洁著称。但他同时也是一个贪婪、冷酷无情的人，对待教士像威廉二世一样粗鲁轻浮，通过向贵族征收土地税来榨取钱财，毫不留情地追求他们的妻子，并在他们女儿想要结婚时索要嫁妆。无论是律师、商人、骑士，还是平民百姓都逃不过他的掠夺。

约翰正如他父亲一样，他因坚持任命坎特伯雷大主教人选而与教皇爆发了激烈的争吵，他指派的人是首席顾问、诺里奇（Norwich）的主教约翰·德·格雷（John de Grey）。格雷是一个令人愉快的幽默风趣的好友。但他拒绝批准的人选显然更合适，即斯蒂芬·兰顿（Stephen Langton），教皇的朋友和同学。为了报复，教皇下令禁止英格兰举行弥撒；1209年，国王被逐出教会，他自称对惩罚毫不在意。然而，4年后，当英格兰受到教皇支持的法国入侵的威胁时，约翰不得不与教皇达成协议，接受兰顿为大主教。

这是一次具有致命后果的投降。对兰顿来说，他作为土生土长的英国人，具有国际声誉的红衣主教和神学学者，毫不掩饰他对贵族与国王之间分歧的同情，甚至当某些巨头在北部和东部爆发了反抗暴政、捍卫他们的习惯权利时，他说服国王必须与贵族达成协议，否则将要承担内战的后果，兰顿作为调解人，在分歧中发挥了主导作用。他还帮助说服了一些更极端的贵族，告诫他们的要求应该有利于全体人民的要求。

1215年初夏，一个贵族代表团在距离温莎4英里（约6.4千米）的泰晤士河上的兰尼米德（Runnymede）岛召开的一次会议上，向国王及其顾问们提交了《贵族宪章》（后来被称为《大宪章》）。据说，每当一天的谈判结束后，晚上约翰回到城堡，他都会愤怒地在地板上打滚，正如典型安茹人那样，手脚乱舞，口咬树枝和稻草，脸上布满了蓝色的斑点。然而他的暴力抗议无济于事。那一年的6月19日，他极不情愿地在《大宪章》上盖了章。

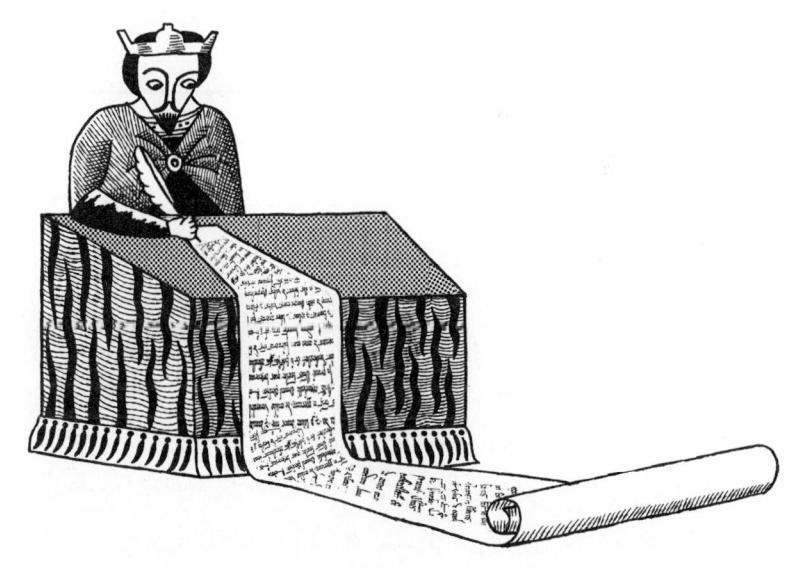

1215年，约翰国王在温莎附近的兰尼米德岛上签署了《大宪章》

1215—1381 年

王冠和人民

尽管《大宪章》在后来的英国和美国备受重视,但这份文件与其说是人们通常所言之人权宣言,倒不如说是对国王和贵族之间分封和法律关系的声明,它保证教会的自由并限制国王的权力。当然,也有一些条款承诺保障普通人的权利。其中一条特别宣称,"余等不得向任何人出售、拒绝或延搁其应享之权利与公正裁判。"另一条则写到,"若不经同等人的合法裁决和本国法律之审判,不得将任何自由人逮捕囚禁、不得剥夺其财产、不得宣布其不受法律保护、不得处死、不得施加任何折磨,也不得令我等群起攻之、肆行讨伐"。但请注意,这里几乎没有提到农奴。

出于愤慨,约翰王很快否认了《大宪章》的有效性,宣称《大宪章》是胁迫的产物。英王准备与伯爵们武装决斗,而伯爵们则假装在斯泰恩斯(Staines)举行了一场骑士比武,集结了自己的军队,并呼吁法国国王协助他们。一支法国军队登陆肯特,向伦敦进军。约翰在途中洗劫了城堡和教堂,焚毁庄稼,然后向东北撤退到东英吉利。当他的军队越过沃什(Wash)海峡时,潮涨了起来,所有的珍宝和战利品被海水吞没。他因此心烦意乱,沮丧地来到了斯温内谢德(Swineshead)修道院。此修道院是西多会(the Cistercians)的一名僧侣建的,属于本笃会的一个分支,是英国6世纪末在坎特伯雷圣奥古斯丁修道院以后建立的几所修道院之一。在这里,约翰吃了一顿惯常丰盛的、有着大量桃子和甜酒

约翰国王的军队在越过沃什海峡时，所有的珍宝和战利品被海水吞没

的大餐后，得了痢疾，开始发烧，于1216年10月19日在纽瓦克（Newark）去世，享年50岁。

约翰王的继承人，9岁的儿子被带到格洛斯特，加冕为国王亨利三世。亨利是一个谦和的男孩，接受英国首席律师休伯特·德·伯格（Hubert de Burgh）的训导。休伯特是英国首席司法官或首席大臣，他履行的职责大致可比肩今天的首相。在成功抵御了法国军队，捍卫了被他称为"英格兰钥匙"的多佛尔城堡后，休伯特·德·伯格在海峡战役中战胜了拥有大量船只的法国舰队。除了认缴赎金的俘虏外，其余被俘将领和船员被他的部队全部杀戮。法王在这次失败中痛失援军，同意在支付大笔赔款后撤出英国，并承诺将诺曼底归还英国王室，但最终并没有兑现。法国人退场后，秩序恢复了平静，在约翰国王统治期间离开英国的斯蒂芬·兰顿回到了坎特伯雷，而休伯特·德·伯格则以年轻国王的名义管理着英国。

然而，小亨利慢慢长大，越来越不愿意听取他的英国顾问的意见，而是更多地转向他的母亲——昂古莱姆的伊莎贝拉王后（Queen Isabella of Angoulême），转向他的妻子——普罗旺斯伯爵的女儿埃莉诺，以及那些相比于英国人来说使他觉得在一起更放心自在的外国顾问。到1243年休伯特·德·伯格去世时，亨利和他父亲一样与他的伯爵们意见不一。他已经变得毫无上进心且挥霍无度，既不能当兵，也不是一名好政客，更不能赢得人们的尊敬甚至爱戴。他非常虔诚，每天做三次弥撒，十分喜欢参加宗教仪式，并为宗教基础事业花费大量金钱，包括俯瞰南安普敦溺湾（Southampton Water）的内特利修道院（Netley Abbey）、大部分在他执政时期建造的威斯敏斯特修道院以及一个专为犹太人建造的皈依堂，这个教堂最后成为英国国家档案馆。

有一段时间，他特别亲近的人是西蒙·德·蒙特福特（Simon de Montfort），这位诺曼贵族继承了莱斯特伯爵爵位，并娶了国王的妹妹。然而，西蒙很快就惹恼了国王，因为他要求国王继续他父亲那样的改革。出身法国的蒙特福特，不仅要求成为英国伯爵的公认领袖，较以往更加频繁地参加讨论公共问题和国家事务的会议，还要倡导非特权阶级的利益。国王为了确保自己的儿子能够加冕为西西里国王，让自己的兄弟成为神圣罗马帝国国王，不停地要钱，这让事情变得十分棘手。1258年，亨利被要求任命一个由24名成员组成的新大议会，其中一半成员将由伯爵们自己提名。新议会成员带着他们的武装人员前往牛津，呼吁国王应该根据最近成立的大议会的任命，一个由15名贵族和主教组成的较小的议会的意见进行统治。

亨利在妻子和教皇的鼓励下公然反抗贵族，声称牛津议会的规定显然是对王室权力的篡夺，是在胁迫下强加给他的。那年夏天的某一天，当时国王正在伦敦泰晤士河上划船，刹时头顶上电闪雷鸣，一场暴雨即将来临，他不得不跑到达勒姆宫躲雨，那里已经被西蒙·德·蒙特福特占领，他出来在河边迎接亨利国王，并向他保证风暴已经结束。国王说："我非常害怕雷电，但以上帝的名义起誓，我敬畏你超过世界上所有的雷电"。

国王有充分的理由这么说。1264年5月，当国王的支持者（主

第二章　国家之建立

亨利三世在泰晤士河达勒姆宫的台阶上躲雨时与西蒙·德·蒙特福特相遇

要是外国雇佣军）与西蒙·德·蒙特福特领导的贵族军队之间爆发不可避免的内战时，尽管蒙特福特防线左翼的伦敦人由他的儿子爱德华牵制，但亨利在苏塞克斯的刘易斯还是遭遇了致命的打击。

在这场战斗之后，国王和爱德华王子被关进了监狱，爱德华的教父西蒙·德·蒙特福特在威斯敏斯特召集大议会，与每个郡和几乎所有大城市的代表会面，这次会议被视为最早的"议会"，这个词当时并没有具备此种涵义，但后来的意思是"国家的最高立法机构"，由聚集在威斯敏斯特的君主、上议院和下议院组成。

然而，新宪政的实施为时尚早。西蒙·德·蒙特福特的军事胜利、火爆的脾气和专制的作风、他现在所掌握的权力以及他的一些追随者在攻击保皇党时行为过激，使他树敌众多。爱德华王子逃脱羁押之后，很快组建了一支强大的皇家军队，规模远远超过西蒙率领的军队。两军于1265年8月在伊夫舍姆（Evesham）会面。当西蒙看到皇家军队的规模时说："让我们把灵魂托付给上帝吧，因为我们的身体是他们的。"最终，事实证明确实如此。由此产生的冲突与其说是一场战斗，倒不如说是一场屠杀，而西蒙本人也被砍成碎片，他肢解的身体被送往支持他的城镇公开示众。爱德华王子那年26岁，从父亲手中接过了王国的宝座。他的父亲亨利三世在伊夫舍姆战役中肩部负伤，作为人质被扣押在那里，并没有被儿子的手下认出来。

爱德华身材高大，威风凛凛，吃得很少，只喝水。据说，他年纪轻轻就肆意残杀无辜平民，曾帮助他的侍卫一同折磨和残害他们在路上遇到的一个农民。近年来，尽管他在与被击败的叛军打交道时常常毫不留情，但他已经赢得了彬彬有礼、公平交易、智力过人和精力旺盛的声誉。他深爱他的妻子，当她死在诺丁汉郡时，爱德华深感悲痛。他下令将她的遗体南移到威斯敏斯特安葬，并要求在送葬队伍沿途经过的所有城镇树立纪念十字架。最后一个十字架被

第二章 国家之建立

1265 年，皇家军队和西蒙·德·蒙特福特率领的贵族军队在伊夫舍姆相遇

放在查灵（Charing）的小村庄里，就是现在伦敦繁忙的查灵十字地区，1865 年在查灵十字火车站前院放置了一个复制品。该复制品基于原来十字架的图纸制作，原十字架早已被拆散，用作铺路的石块和刀柄。

1272 年，当爱德华得知父亲去世的消息时正好在西西里。但是，由于王国政权平静稳固，且处于良好的控制之下，他在回家的路上毫不匆忙，派遣信使带着他的指示前往英格兰，他则于 1274 年 8 月 2 日抵达多佛尔。

爱德华具有敏锐的政治天赋，精进且勤勉地主持了持续发展的议会并推动法律改革，坚持公共司法权优先于私人。明确地说，贵族法庭只有获得王室的认可才能存续。他还认同激进民族主义的新精神：将犹太人驱逐出英格兰——此前犹太人在街上行走时已经被要求佩戴明显的徽章，并禁止雇用基督徒仆人了；以及带领军队决意征服威尔士，征服苏格兰。

查灵十字地区的埃莉诺十字架遗址

长期以来，威尔士北部和西部一直抵制文化渗透，凯尔特贵族小心翼翼地保留着他们的古老语言，并在他们的人民意识中种下了对英格兰人和诺曼人极度厌恶和不信任的种子。这些领导人中最有天赋、最有权势的卢埃林·阿普·格鲁菲兹（Llewelyn ap Gruffydd）自称威尔士亲王，他长期抵抗爱德华的军队，最终在战斗中阵亡，使威尔士失去了独立的可能性。为了保持对威尔士人的控制，英格兰人建造了一系列坚固的城堡，从南部的卡菲利（Caerphilly）城堡到北部的博马里斯（Beaumaris）和康韦（Conway），再到西部的哈勒赫（Harlech）。其中最大的要塞卡那封（Caernarfon）城堡，诞生了爱德华的继承人，并于1301年开始延用威尔士亲王的头衔，这个头衔后来一直由英国王室的男性继承人继承。

卢埃林的抵抗为爱德华提供了征服威尔士的借口，同样，新近成为苏格兰国王的约翰·德·贝利奥尔（John de Baliol）[1]拒绝接受英格兰的霸主地位，也为爱德华提供了征服苏格兰人的借口。1296年3月，爱德华率领35000人的军队越过特威德（Tweed），利用卢埃林在威尔士曾对他们使用过的长弓，打败了苏格兰人，俘虏了贝利奥尔，迫使他交出了王冠。爱德华胜利而归，并将长期以来苏格兰国王加冕用的斯昆石（Stone of Scone）[2]带了回去，把它安放在威斯敏斯特大教堂，置于专门将之围起来而建造的加冕椅下，自他那个时代起，这把椅子就一直被用在教堂里举行的每一次加冕典礼上。

然而，苏格兰人还没有完全被征服。首先是威廉·华莱士

---

[1] 约翰·德·贝利奥尔是1292—1296年的苏格兰国王。在挪威公主玛格丽特女王死后，他是王位继承人。他得到英格兰国王爱德华一世的支持，与其他12个宣称对王位有继承权的人进行斗争。因为向爱德华一世表示敬意，贝利奥尔被宣布为国王，但当英格兰军队进攻苏格兰时，他很快就起而反对英王爱德华一世，并放弃了王位。——译者注
[2] 斯昆石也叫命运之石（Stone of Destiny），通称"命运石"或"加冕石"，苏格兰历代国王曾站在上面加冕为王。——译者注

（William Wallace）爵士，他宣布自己是苏格兰的守护者。他在失败后被施以绞刑，英格兰人拖着他的尸体将其分尸。接着是罗伯特·布鲁斯（Robert Bruce）在斯昆被圣安德鲁斯（St Andrews）主教加冕为苏格兰国王，在他的领导下，苏格兰人在爱德华一世死后很久仍在继续抵抗。爱德华一世在他生前最后几个小时，要求将他的骸骨带到他的军队向苏格兰进军的任何地方，这样即使他已死去也能感受到胜利。他还要求他的墓碑上除了他的座右铭"坚守信仰"（Pactum Serva）之外，还刻上"苏格兰之锤"（Scotorum Malleus）[1]字样。爱德华昂贵的远征要求他不时召集他的大议事会（现在更普遍地称为议会），以便筹集资金支付这些费用，因为王室的普通收入不足以发动战争，而特殊情况未经议会批准又不得征税。他考虑到要获得富商和城镇市民的支持，所以确保他们和贵族、教士一起出席这些会议。1295年的议会后来被称为模范议会，因为它比之前任何的议会都更具代表性，例如，在伯爵和贵族，大主教、主教和宗教机构的负责人之外，每个郡还要有两个骑士、两名来自城市和自治区的代表。这些人代表城镇的普通市民，他们并没有饱含热情地出席，因为他们知道出席只是出于经济上的原因。事实上，他们被迫接受因不出席会议而被罚款的威胁；但渐渐地，随着议会扩大对税收的控制，他们变得越来越重要，最终与贵族和上层神职人员分开坐在自己的房间里，即新近建造的威斯敏斯特修道院的牧师会礼堂，然后占据着特别为他们建造的下议院，旨在与上议院区分开来，上议院是贵族集会的场所，成员包括主教和贵族。

尽管国内局势动荡，国外战争代价高昂，但总的来说，13世纪是建筑的黄金时代。罗马式的风格已经让位于第一阶段的哥特式

---

[1] 爱德华一世是金雀花王朝的第五位英格兰国王（1272—1307年在位），亨利三世之子。因他对苏格兰人民的镇压，又被称为"苏格兰之锤"或"残忍的爱德华"，是金雀花王朝重要的代表人物之一。——译者注

罗伯特·布鲁斯

建筑,"哥特式"这个词在17世纪开始被用来贬损一种被认为是野蛮的建筑风格。第一阶段的哥特式建筑风格以早期英国式为人所熟知,其特点是狭窄的柳叶刀窗,尖尖的拱形窗,圆形或偶尔八角形的柱子配以雕刻树叶的柱头。如果你想寻找最辉煌精美的教堂,你可以在索尔兹伯里大教堂、西面的韦尔斯(Wells)大教堂以及林肯大教堂中找寻到最壮丽美观的一面,用罗斯金(Ruskin)的话说,这是"英伦三岛最珍贵的建筑"。更准确地说,约克大教堂里的彩色玻璃简直无与伦比的美丽。

这不仅仅是一个教会建筑的时代。牛津大学在圣玛丽教堂附近建立,在13世纪末之前已经成立了3所学院,分别是大学学院、贝利奥尔学院和默顿学院,另外还有4所学院,埃克塞特、奥丽尔(Oriel)、女王和新学院不久也陆续建立起来。在这里,林肯的大主教罗伯特·格罗斯泰特（Robert Grosseteste），在他辽阔的牛津教区，于1223年被任命为大法官。哲学家、最重要的实验科学家之一罗杰·培根（Roger Bacon）对福利桥（Folly Bridge）上的一座塔进行了研究。剑桥大学也于同时期建立，其中最古老的学院圣彼得学院（St Peter's College）和彼得豪斯（Peterhouse）学院由伊利教区主教于1281年创建。

当时牛津和剑桥都没有教授法律课程，主要是语法、哲学和神学课程，是用拉丁语教授的。这导致了专门面向法学学生的法学院在当时伦敦市法庭的基础上诞生，分别为林肯法学院、格雷法学院、中殿法学院和内殿法学院。最后两个法学院命名源于圣殿骑士团，这是一个致力于保护圣地朝圣者的兄弟会。他们在这里的教堂，即圣殿教堂（Temple Church）是介于罗马式和早期英国式之间过渡风格的一个绝佳的例子，这种风格也可以在方廷斯（Fountains）修道院的中殿和奇切斯特大教堂的后部看到。

当泥瓦匠们在奇切斯特工作时，爱德华一世的儿子兼继承人爱德华二世在威斯敏斯特加冕。爱德华二世没有受过良好教育，行事草率，比起与父亲的大臣们在一起，他更喜欢和马夫们待在一块，还有许多大臣被他免职，他甚至沾染上了马厩里马夫们的不良习气。他嗜酒如命，脾气暴躁，那些得罪他的家庭成员的人会被他扇耳光。当国家大事等着他处理的时候，他经常被人发现不是在从事业余戏剧表演，就是和亲密朋友、被认为是情人的皮尔斯·加韦斯顿（Piers Gaveston）厮混在一起。皮尔斯·加韦斯顿是一位加斯孔（Gascon）骑士的儿子，贪婪而傲慢。他的父亲曾将他驱逐，但他现在不仅重回家园还荣膺康沃尔伯爵（Earl of Cornwall）的称号，这一切令英国的贵族们大为光火。然而，贵族们并不打算长期容忍加韦斯顿，1312年，他们把他像囚犯一样带走，砍掉了他的头。

苏格兰问题不可能如此迅速地得到解决。罗伯特·布鲁斯仍然在逃，在边界以北指挥一支强大的军队，一个接一个地夺取了英格兰人手中的城堡。1314年6月24日，一支至少是他自己武装力量3倍的英格兰军队向他进军，他巧妙地避开了进攻，并把英格兰人困在班诺克本旁的一个沼泽里，并彻底击垮了他们。这使得爱德华国王只好带着他身边的随行主教和幸存的士兵，仓皇逃往邓巴（Dunbar）。

爱德华回到英格兰，比以往任何时候都更遭人鄙视，在那里，他通过他的新宠——德斯潘塞（the Despensers）父子，像加韦斯顿一样贪婪的人，来安慰自己。爱德华统治下的历史是一个充满血腥和背叛的故事。贵族们奋起反抗国王和德斯潘塞父子，于1322年在约克郡的巴勒布里奇（Boroughbridge）被击败，贵族党领袖兰开斯特伯爵被俘，而后被斩首。爱德华的妻子离开了他，带着他们的儿子去了法国。在那里，叛逆的流亡贵族罗杰·莫蒂默（Roger Mortimer）、第八代威格莫尔（Wigmore）男爵、威尔士大庄园的领主成了她的情人。1326年，他和王后带着一支雇佣军回到了英国，不久，英国各阶层的支持者也加入了他们的行列，他们与王后及莫蒂默一样急切地想要终结爱德华的统治。他们打败了国王的军队，迫使他退位，让位给他14岁的儿子。德斯潘塞父子因叛逆罪被处死。爱德华被囚禁在布里斯托尔北部的伯克利城堡。他被关在一个阴暗的牢房里，在一间停尸房的楼上，人们希望他染上某种致命的疾病。传说他被谋杀了，是用一根烧红的烤肉叉从肛门刺入内脏，据说，这是一个如此无耻的鸡奸者应有的结局。但最后在治疗中幸存下来，他那安然无恙的尸体，一度被当作自然死亡的证据，被安葬在圣彼得修道院，现在是格洛斯特大教堂。他陵墓上的肖像在一个精雕细琢的尖塔般华盖的辉映下，成为14世纪最美丽的一座石膏雕像。

1327年，国王之子加冕，是为爱德华三世，他为父王建造了陵墓。在很多方面,新王似乎与其父截然相反,他极度挥霍,爱摆阔气,纵欲无度,尽管父亲胆小怕事,儿子却异常勇敢。爱德华二世曾自认为是一个演员,爱德华三世却自视为一名亚瑟王骑士,生活在一个失落的浪漫骑士的世界。在短暂进军苏格兰后,爱德华三世将注意力转向法国,部分原因是为了给那些可能在国内制造麻烦的人提供激动人心和有利可图的冒险,部分原因是苏格兰人越来越多地转向法国寻求对抗英格兰的帮助,还有部分原因是阻挠法国对佛兰德斯的行动,到目前为止因为佛兰德斯仍然与英国交往频繁,英国才能保持极度繁荣的羊毛贸易。爱德华三世通过他的母亲——菲利普四世的女儿伊莎贝拉竞争法国王位,掀起了一场持续百年的战争。起初,他取得了辉煌的成功,1340 年 6 月 24 日,他在斯鲁伊斯(Sluys)赢得了一场伟大的海战胜利,接着他在克雷西的加来附近赢得了一场同样具有决定性意义的陆地战斗。他 16 岁的儿子因常穿黑色铠甲,与众不同,故被称为"黑王子"。王子常常佩戴三根羽毛的盾形徽章并把波希米亚盲人国王的格言"我服务"(Ich dien)作为自己的格言,他最后为敌军所杀,但为威尔士未来所有的王子提供了徽章,也树立了座右铭。

国王接着继续占领加来。1356 年,在普瓦捷,他的儿子黑王子又一次战胜了法国国王,将之俘虏并索要赎金。根据《布勒丁尼和约》(Treaty of Bretigny),爱德华三世获得了他为之奋斗的大部分东西,即对法国西南部大片领土的绝对控制,这些领土几乎包括从卢瓦尔河延伸到比利牛斯山脉以及北部的加来和蓬蒂厄的大片领土。

在他初期的胜利之后,爱德华三世带着一车又一车的掠夺物——衣服、毛皮、羽绒床和外国城市的战利品凯旋。据说"整个英格兰都充满了国王远征军的战利品,所以没有一个女人不带回家一些战利品,或者佩戴一些装饰品,或在她的家里有一些亚麻细布

嘉德勋章

或高脚杯"。

然而，在一些编年史家看来，胜利者们大肆铺张的庆祝活动简直是荒诞不经，尤其是温莎的欢乐场面。据报道，温莎曾举行过最挥霍无度的庆祝活动，"宴会上有丰盛的食物、各式各样的菜肴和无限供应的饮料"。国王下令在城堡的上层建造一个宏伟的圆形石制宴会厅，新的圆桌骑士们将"按照与英国前国王亚瑟勋爵相同的仪式和环境举行会议并被任命"。这些骑士将佩戴"团结与和谐的徽章"——嘉德勋章。最近的研究表明，这很可能是真的，国王在城堡里与索尔兹伯里伯爵夫人琼跳舞时，她的吊袜带掉了下来。爱德华弯下腰，把它捡起来。这一幕被其他舞者看到，开始取笑他。爱德华被认为是除了亨利一世之外，诺曼征服后英格兰历史上第一任能说英语的国王，但他在日常交谈中使用的是法语。他用法语厉声回答道："心生邪念者可耻（Honi soit qui mal y pense）。"此后，这句话也成为欧洲现存最古老的骑士制度的座右铭。

1348年在温莎的庆祝活动对编年史家来说，似乎更加应该受到谴责，因为在这一年里，"残酷的瘟疫从海上的部分地区来到英格兰的南海岸，进入多塞特郡梅尔库姆（Melcombe）港口，这对所有年龄段的人都是可怕的"，坎特伯雷法庭书记官记录道，这种瘟疫或"大死亡率"的疾病，后来被称为黑死病，"以最快的速度从一个地方传到另一个地方"，"在中午之前迅速杀死了许多早上身体还很好的人，并且不放过任何人"。最初的症状是身体各个部位发生肿胀，特别是腹股沟和腋下，然后是起大量的黑色脓疱。不久，人就会神志不清，吐血。很少有被感染的人能在几个小时内死里逃生。1348年夏天过后，天气转冷，瘟疫的传播一度停止，但

黑死病在英国迅速蔓延，一些城镇和村庄被彻底摧毁

春天来了，它传播得比以往任何时候都更加猛烈。城镇是受影响最严重的地方，小村庄也不能幸免，居民大批大批死去。只有西北部偏远地区，威尔士、苏格兰和康沃尔西部的山区未受到影响。

据估计，这一时期有近一半的人丧生。的确，在 1300 年英国人口已增至 425 万左右，而到 1380 年时降至约 250 万。黑死病并不是造成人口急剧下降的全部原因，爆发的其他瘟疫和偶尔发生的饥荒也是部分原因。需要相对较少劳动力的牧羊业正在大面积扩张，而这是以玉米种植为代价的。但是，可怕的、对后来中世纪晚期文学的恐怖特质有很大影响的黑死病，无疑是人口急剧下降的主要原因，也是加速英国社会发生深远变化的主要原因。

英格兰人口的急剧减少自然导致劳动力严重短缺，也给幸存的

农民提供了充足的土地。许多农民通过接管死者的田地来增加他们的财产。另一些没有土地的人，如果得不到土地，就能对他们的劳动要求更多的报酬。如果不满足，他们便去其他庄园。国王专注于对外战争，在他还年青时便与他贪婪的情妇艾丽斯·佩勒斯（Alice Perrers）厮混在一起，让整个政府落入了他的第四个儿子兰开斯特公爵——冈特的约翰的手中，约翰被认为企图利用自己的影响力控制国王的孙子，即后来的理查德二世，甚至是为了自己能获得王位而缜密谋划。为了解决他们的财政和社会问题，政府于1351年颁布了《劳动者法规》(*Statute of Labourers*)，规定农民要求更多的工资或雇主支付超过治安法官规定的工资是犯罪，地方士绅（是目前法官的前身）具有司法权力，审判与各郡公共秩序有关的案件。他们仍然有权审理较轻的案件，将那些更为严重的案件提交给上级法院。后来的一项法令提议，任何离开工作地点寻求更高工资的劳动者，额头上都应打上"F"的烙印，以示其不忠诚。不久之后，工人穿得像个地主一样，"下流的普通女人"穿得像"高尚的贵妇人"，都成了犯罪。

这种镇压措施，加上对所有15岁以上的人征收的一系列人头税，使百姓怨声载道，激起了广泛而深刻的不满，而对高级神职人员的财富和腐败的怨恨又加剧了这种不满。曾任牛津大学贝利奥尔学院院长的约翰·威克里夫呼吁教会撤资，回归福音派的清贫状态，向数千人发表讲话，他"可怜的牧师"（坎特伯雷大主教威廉·柯特内嘲笑地用"罗拉德"这个词来称呼他们）走遍全国宣讲威克里夫的教义，谴责教会的等级制度和物质财富。被逐出教会的牧师约翰·鲍尔说话更为直率，有时甚至粗鲁，他能言善辩，言辞激烈，从市场走到教堂墓地，厉声斥责神职人员的行为，并对有争议的经文进行解释：

当亚当耕地,夏娃纺布,
谁又是贵族呢?[1]

不久,整个地区都骚动起来。庄园和宗教场所遭到袭击,贵族和教士一个个被杀,人们哭喊并叫嚷道:"众牧师都该死!是约翰·鲍尔敲了你们的丧钟!"

1381年6月,由沃特领导的村民、镇民武装来到伦敦,将约翰·鲍尔从梅德斯通(Maidstone)中解救出来。沃特由于他以前的生意被称作沃特·泰勒(Wat Tyler),他可能曾是一名退伍军人,也有说他是拦路强盗,他集结了肯特郡和埃塞克斯郡的百姓。他们涌进萨瑟克,洗劫了自12世纪末以来就是坎特伯雷大主教官邸的兰贝斯宫,穿过伦敦桥和河岸上的房舍,沿着舰队街(Fleet Street)行进,冲进圣堂,烧掉了律师的卷宗,打开了舰队监狱的大门,攻击外国商人的房屋,"像一群饥饿的恶狼",冲向萨沃伊宫(Savoy Palace)。萨沃伊宫坐落在海滨地带,是亨利三世送给他妻子的叔叔萨沃伊伯爵的一幢大宅子,现在被国王那令人憎恨的叔叔冈特的约翰占据了。

约翰逃脱了,但他的医生和军官都被杀害。宫殿被洗劫一空后付之一炬,一盒火药被扔进火堆爆炸了,把大厅夷为平地。当地窖天花板塌下来压在他们身上时,32个正在喝着公爵的酒的人被困。

暴徒们"像着了魔似的嚎叫着",现在把注意力转向了伦敦塔。他们跑过吊桥,走过大门,穿过大厅和衣橱,冲进国王母亲的私人套房,扯下她的帷幔,把她的床上用品剪成碎片。她自己在混乱中逃走了,但是,在圣约翰教堂里,叛乱者遇到了司库大人和坎特伯雷大主教,他们正在祭坛前祈祷。他们被拖了出去,和其他受害者

---

[1] 此处指人人平等,并无贵贱尊卑之别。——译者注

英国故事

沃特·泰勒领导了1381年的农民起义，司库大人和坎特伯雷大主教在塔山被砍头，他们的头被钉在铁矛上示众

一起，在塔山上被砍掉了脑袋，他们的头被钉在铁矛上示众。与此同时，另一名叛军领袖杰克·斯特劳（Jack Straw）带领手下向北袭击了海布里（Highbury）的财务主管的房子，并烧毁了克拉肯韦尔（Clerkenwel）圣约翰修道院。

第二天，6月15日，14岁的英王理查德二世在史密斯菲尔德一个露天的马匹交易市场会见了叛乱分子，他答应了他们的大部分要求。然而泰勒的傲慢无礼激怒了伦敦市长威廉·沃尔沃思，他用剑猛击泰勒，将他的马撞倒在地，用匕首将他捅死。威廉是个鱼商，如今这把匕首与鱼贩公司的各种珍宝一起，被展览在威廉国王大街的鱼商会馆大厅。反叛者挥舞着武器，向国王的随行人员挺进，但理查德骑着马向他们走去，喊叫："先生们，你们会杀了国王吗？我是你们的首领，跟我来。"为了响应这一请求，他们和他一起向克拉肯韦尔走去，并逐渐分散了，他信守了对他们做出的承诺。但诺言最终都被打破了，因为它们是在受到威胁的情况下承诺的。据说，当提醒他要废除封建制度的时候，国王说："你是农奴，你将永远都是！"尽管废除了人头税，但这次起义还是失败了，幸存者回到了自己的家中，恢复了看似一成不变的生活。

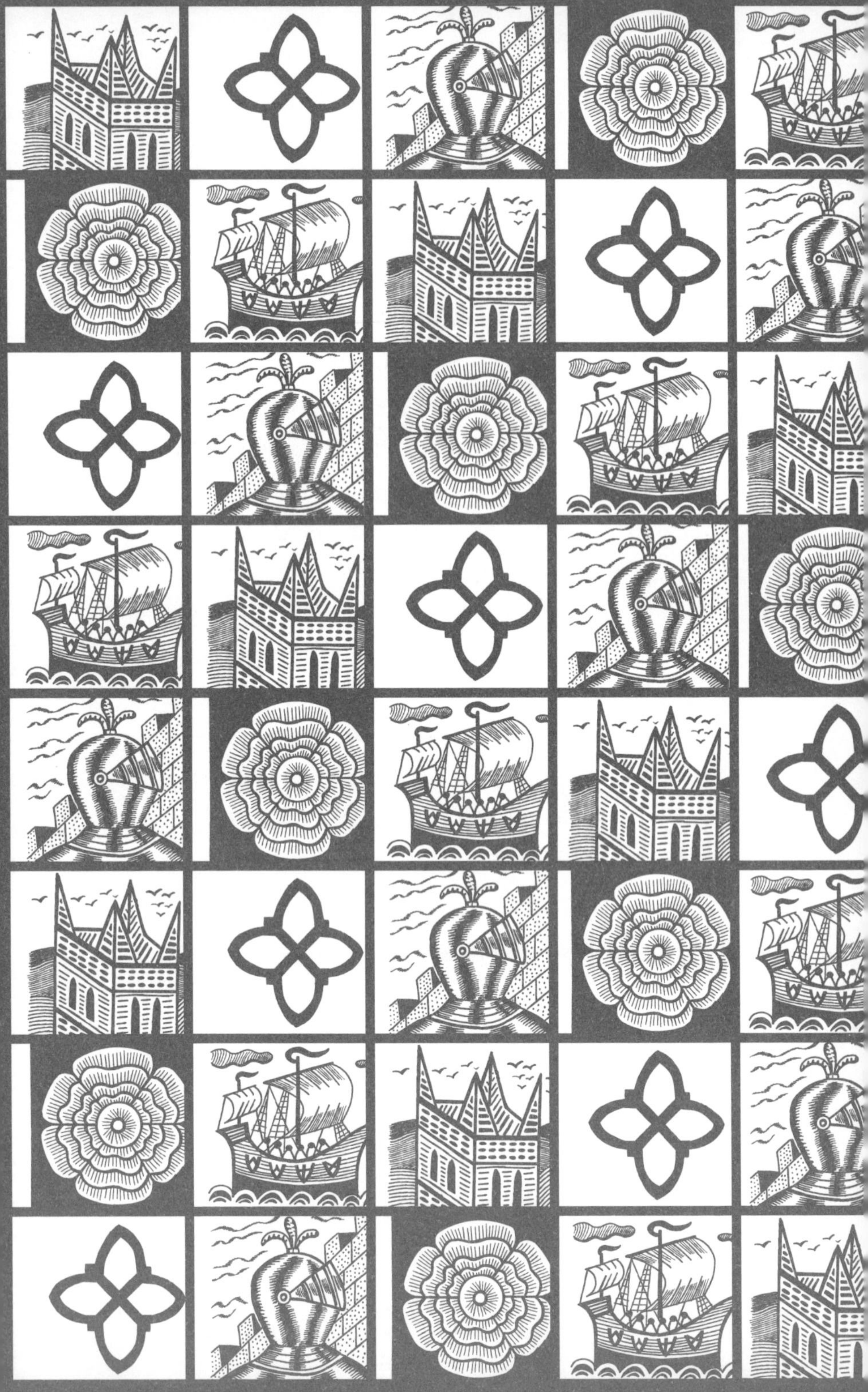

第三章

权力的争夺

从大起义（1381年）
到复辟王朝（1660年）

1381—1485 年

中世纪的暮光

尽管在 14 世纪，农场工人每天令人厌倦的工作变化不大，但社会正在慢慢地发生改变，权力的平衡关系也在悄然发生着变化。黑死病之后，勤劳的农民获得了更多的财富，那些没有资产的人成功地实现了提高劳动报酬的愿望。由于劳动力短缺，地主们被迫出租土地，要么用以支付租金，要么用于实物付款，而他们的许多佃户正变得相当富裕，相较于没有土地的劳动者，自耕农与下层士绅的利益联系更为紧密。比如，诺福克郡富裕的帕斯顿（Pastons）家族，他们的书信为中世纪晚期的家庭生活提供了一幅非常生动的图景，他们新近才从终身绑定在土地上的低微农夫阶层发迹。

这些人的生活环境也在一段时间内发生了变化。黑死病爆发前的几年是一个经济衰退的时代。大片土地已经不再用于农业生产；水一英亩又一英亩地倒回了沼泽地；新城镇的建立也几乎结束了。黑死病极大地加速了这种萧条，而且过了很多年才扭转了这种状态。的确，随着羊毛需求增多和价格的不断上涨，以及一艘艘驶往欧洲大陆的船，可耕地面积的不断减少一直持续到下个世纪。为了给羊创造更多的土地，良田变成了牧场，整个村庄被毁，居民被驱逐，为新的羊群让路。与此同时，羊毛农场主和羊毛商人创造的财富被用来建造极具英国特色的建筑。无论是德文郡和康沃尔郡富有的锡矿工，还是普通人和团体，几乎在英国每一个郡，羊毛贸易都经营得很好。新建和重建的教堂多为垂直式建筑，也是哥特式建筑的最后一个发展阶段，其独特的风格具有线条鲜明的大窗户，并配有石制窗饰和常规水平分界线，在格洛斯特大教堂的回廊中可以看到扇形拱顶。例如，在威尔特郡的阿斯顿尖塔（Steeple Aston），在萨默塞特的惠什埃皮斯科皮（Huish Episcopi），在诺福克的萨勒（Salle），在格洛斯特郡赛伦塞斯特，在萨福克的朗梅尔福德（Long Melford）以及在拉文纳姆（Lavenham）都可以看到美丽的垂直式教堂。事实上，整个城镇是中世纪晚期羊毛和服装贸易繁荣的纪念碑。

在肯特郡以及英格兰西北部的米德兰郡，也有许多例子表明，商人和自耕农正在建造舒适的房屋，他们的财富（如果不是权力的话）已开始与旧统治阶级相匹敌。城堡和房屋还在建造中，有些是砖砌的，比如林肯郡的塔特舍尔（Tattershall）城堡和萨塞克斯的赫斯特蒙苏（Herstmonceux）城堡。由于火药和大炮的威力越来越大，最坚固的防御工事也变得不堪一击，因此，这些有着多门和多窗的堡垒，虽然在外观上令人生畏，但却越来越像住宅而不是堡垒。

砖不是一种新的建筑材料。这些瓷砖是从欧洲大陆贩运来的，被称为佛兰德瓷砖，自13世纪初开始使用，当时在萨福克郡和埃塞克斯郡的边界上修建了小韦纳姆大厅（Wenham Hall）。然而，这个例子并不普遍，直到法国的砖房引起了在那里战斗的骑士的注意。英语单词"brick"来自法语单词"brique"，直到1416年才纳入英语。赫尔河畔金斯敦的城墙，是在14世纪下半叶用当地制造的砖块建成的，这可能是英格兰用砖块建造的第一个主要公共工程。从那以后，砖变得更加普遍，甚至在当地主要建筑材料是石头的地区也很常见，如沃里克郡的康普顿·温耶茨（Compton Wynyates）庄园。伊顿公学建于1440年，建成后的10年里，共使用了250万块砖。

然而，砖的全盛时期还没有到来。大多数房子仍然是用木头或石头建造。大多数中世纪晚期的桥梁也是如此，其中有几

在中世纪流行起来的砖块和半木结构的建筑

座至今仍保存完好,其中最著名的石桥有康沃尔郡韦德布里奇（Wadebridge）的骆驼桥和牛津郡阿宾登（Abingdon）的泰晤士河桥。当然,石制建筑是展现垂直样式的最佳代表,如贝弗利大教堂（Beverley Minster）的西侧,伊顿公学教堂和在温莎的圣乔治教堂。圣乔治教堂是献给默默无闻的三四世纪的烈士的,他们被认为是英格兰的守护神,至于原因还不得而知。这个教堂始建于1478年,爱德华四世执政时期,他决心新建教堂的规模要超越那个由他的对手和手下败将亨利六世建造的伊顿公学教堂。

亨利六世的祖父是兰开斯特公爵冈特的约翰的长子,他在林肯郡城堡出生,名为亨利·博林布鲁克。1399年,他取代了表弟理查德二世,成为兰开斯特王朝中的第一任国王。在威斯敏斯特大厅,由威廉二世建造的辉煌的诺曼宴会厅,这是威斯敏斯特原宫殿中唯一幸存的部分,随着时间推移,英语早已成为普通人的通用语言,也是法庭的官方语言,亨利用英语大声喊道:"我,兰开斯特的亨利,以圣父、圣子和圣灵之名起誓,势必夺取英格兰之王位。"约克大主教和坎特伯雷大主教将他领到被罢免的理查德二世空出的王位上。不久之后,他就被抹上了圣母玛利亚在流放期间奇迹般地赐予圣托马斯(St Thomas)的油而受膏[1]。

然而,尽管亨利四世被议会接受,但他并没有比他的前任更能与议会成员达成令人满意的协议。1412年,他被财政、行政问题,被自己国家的阴谋者和威尔士的叛乱者所困扰,他患上了编年史上所称的麻风病,但很可能是梅毒,当时人们常常把麻风病和梅毒混淆。他死于威斯敏斯特大教堂的耶路撒冷厅,他曾在那儿的圣爱德华神龛前祈祷,后被埋葬在坎特伯雷大教堂,他宏伟的陵墓位于高高的祭坛后面。

他的儿子亨利五世在1413年4月的一场猛烈的暴风雪中加冕,他是一个不折不扣的军人。他的颈部和头部的两侧剃成士兵式样,他的头发又厚又直,深棕色,看起来就像一个圆形的毛皮帽。尽管他长着长而突出的鼻子、细细的眉毛、高而光滑的额头、绯红且始终紧闭的嘴唇以及像沉重的灯笼一样的下巴,这些实在都不是令人欣赏的外表,但大家都认为他是一个英俊的男子。他充满传奇色彩,人们也期待在他的统治下能实现新的希望。他父亲的统治在篡夺、叛乱、瘟疫和迫害中开启,并在恐惧、懒散和阴郁中结束。人们期待这个年轻国王能带来一个新的时代,一个与他父亲统治下迥然不同但却如曾祖父爱德华三世那样辉煌和明智的时代。

亨利当然渴望实现这个梦想,就像他渴望从事某种海外冒险活动一样,这将分散敌人的注意力,使他们不再关注国内的问题,也不再关注他那不容置疑的英国王位头衔。为了恢复祖先的主张,他

---

[1] 受膏,宗教用语,这个字是引用"基督"而来。受膏多数是以油或香油抹在受膏者的头上,使他接受某个职位。就好像在《旧约》里的君王、祭司及先知,都是用橄榄油来抹在他们的头上,使他们受膏接受神所给他们的职位。——译者注

要求归还《布勒丁尼和约》赋予爱德华三世的领土，后来又要求继承曾祖母伊莎贝拉的法国王位，伊莎贝拉是菲利普四世的女儿。1415年的圣克里斯平节（St Crispins Day）那天，一场仅仅持续了三个小时的惊人的阿金库尔（Agincourt）战役中，精疲力竭的他和饥饿难耐的军队击败了一支规模是自己四五倍的法国军队，敌人的死伤高达7000到10000人，而他们的损失不过100人。这次非凡的胜利之后，亨利对法国国王施加羞辱性条件，娶了他的女儿，并成为他的继承人。至此为止，基督教世界的所有领导层都在他的掌握之中，他便萌生了转向异教徒的新十字军的想法。但他的健康状况在1422年夏天开始恶化，35岁时死于温森斯（Vincennes）。他的遗体经过防腐处理，运回英国，安葬在威斯敏斯特大教堂华丽的亨利五世墓碑下。

亨利离开英格兰时，留下摄政王照顾还在襁褓中的婴儿国王。不久，这位婴儿国王既丧失了领导权威，又没能得到议会的支持，还不得不面对因圣女贞德而不断上升的法国民族自豪感，终于在1453年结束的英法百年战争中，失去了他父亲争取到的一切。

亨利六世即位时只有8个月大，他失去的东西比法国还多。一个善良、头脑简单的人比起政治和国事，更为热衷的还是宗教仪式。他在1453年失去了王国，在1471年离开了人世，一个同在伦敦塔的囚犯发现他死在牢房里，从此宣告了亨利六世在"纯粹的不快和忧郁"中逝世。

在亨利六世不幸统治的最后几年里，他的支持者一直在与其他要求王位的人进行王朝斗争，这场战争被称为"玫瑰战争"。兰开斯特家族，以亨利六世为代表，由亨利的玛格丽特王后和冈特的约翰的情妇、后来的妻子凯瑟琳·斯温福德（Catherine Swynford）所生后裔领导，是红玫瑰一方。红玫瑰是他们家族的几个标志之一。他们的对手约克家族由爱德华三世的后裔约克公爵理查德、沃里克

亨利五世于 1413 年加冕

伯爵理查德·内维尔（Richard Neville）领导，沃里克伯爵是英国最有权势的贵族，被称为"造王者"，佩戴着白玫瑰。30 年来，这两个家族断断续续地争吵和战斗，对他们发生冲突的地区造成严重破坏，然而，当他们的军队经过时，商人和广大人民继续他们的工作，就像在完全平静的时候一样。最终约克公爵的儿子爱德华成为胜利者，他在 1461 年推翻了国王亨利六世，并在兰开斯特人身上取得了一系列的胜利，最终于 1471 年在蒂克斯伯里（Tewkesbury）击溃了兰开斯特人。

几乎所有的主要对手要么在战斗中被杀，要么在战斗结束后被处死，爱德华现在的地位已经稳固了。作为国王的爱德华四世，他着手恢复财政状况和中断的出口贸易。由于议会的许多成员在最近的战争中丧生，他几乎不需要议会，而是通过其他可供他使用的方

英国故事

1415 年，亨利五世的英国军队在阿让库尔战役中与法国军队相遇

第三章　权力的争夺

式筹集资金,并谨慎地确保以最高效率收集和管理国王有权获得的所有收入。

感谢爱德华恢复了英国的秩序,并帮助它获得了很大程度的繁荣,伦敦市民认为他是"最高贵的国王"。他们的妻子也是如此,简·肖尔(Jane Shore)就是其中之一,她的丈夫是朗伯德街(Lombard Street)的一名金匠。简·肖尔成为爱德华无数情妇中最著名的一个,并以她的名字命名了一些 18 世纪伦敦最肮脏的妓院。爱德华四世身高六英尺三英寸(约 1.9 米)多,英俊潇洒,独断专行,精力充沛。他是一个充满魅力、和蔼友爱的人。他的臣民非常纵容他,直到他生命的尽头,他的放荡和日益肆无忌惮的行为才使他们转而反对他。

爱德华四世死于 1483 年,他 13 岁的儿子被宣布为他的继承人,即爱德华五世。在等待加冕的过程中,新国王和他的弟弟被安置在伦敦塔中。他们的叔叔爱德华四世的兄弟格洛斯特公爵理查德被任命为护国公。

兰开斯特家族和约克家族之间的王朝战争被称为玫瑰战争

简·肖尔是爱德华四世最著名的情妇

对一些历史学家来说，格洛斯特的理查德仍然是莎士比亚笔下的怪物。对其他人来说，他是一个典范，令那些击败他的人蒙羞。毫无疑问，他不是大众想象中的那种残暴的驼背人，他也没有犯下许多被认为是他犯下的残暴罪行。然而，他并不是一个与冷酷无情的时代精神格格不入的人，而且，尽管没有可靠的证据表明他谋杀了爱德华五世和他的弟弟，但也没有证据表明他未从伦敦塔里出来。

不管理查德是否该为这一罪行负责，他都没能活得长久。1485年8月22日在莱斯特博斯沃思（Bosworth），在玫瑰战争的最后一战中，理查德三世失去了王冠和生命，王位转向另一位继承人亨利·都铎（Henry Tudor），一位威尔士骑士的儿子，母亲是冈特的约翰的曾孙女。在他获胜后不久，亨利·都铎迎娶了爱德华四世的女儿伊丽莎白，从而统一了兰开斯特家族和约克家族，以都铎家族的红白玫瑰作为和解的象征。

15世纪即将结束。维多利亚时代的历史学家威廉·斯塔布斯（William Stubbs）主教将这个世纪描述为"徒劳、血腥、不道德"的世纪，当代的历史学家则将其描述成一幅"暴力、肮脏、衣着过度"的社会图景。但这也是约翰·利德盖特的《特洛伊之书》（Troy Book）和托马斯·马洛礼爵士的《亚瑟王之死》（Le Morte d'Arthur）所处的时代。在这个世纪里，雷金纳德·埃利是诺福克泥瓦匠，他建造了剑桥大学皇后学院和国王学院的第一个法院；亨利·奇切利是坎特伯雷大主教、牛津万灵学院的创始人；还有约翰·格莱西尔为学院提供了一些漂亮的彩绘玻璃；雕刻艺人威克姆为温彻斯特大教堂和圣奥尔本斯大教堂的纪念碑做了雕刻的工作；亨利五世的弟弟格洛斯特公爵汉弗莱向牛津博德利图书馆（Bodleian Library）赠送了大量手稿，那间放置书稿的华美房间现今以他的名字命名。

第三章　权力的争夺

金雀花王朝最后一位国王理查德三世于 1485 年在博斯沃思被杀

1485—1603 年

都铎英格兰

因为莎士比亚而得以保留下来的传说是，当亨利·都铎还是个孩子的时候被带到伦敦，觐见亨利六世时，国王被他英俊的外表所打动，声称"瞧，这就是我们和对手在未来都将让位的人"。如今陈列在维多利亚和艾伯特博物馆（Victoria and Albert Museum）的几幅亨利七世画像，以及由彼得罗·托里贾尼（Petro Torrigiani）创作的半身像，的确给人留下了这样一个非凡人物的印象，他机敏而谨慎，精于算计，但并非毫无怜悯之心，严肃而不失幽默。很明显，他是一个有能力为遭受重创的国家恢复秩序的统治者，有胆识为国家偿还债务并带来荣誉的政治家，有实力推进他金雀花王朝和兰开斯特王朝的前辈们所开创工作的治理者。他任人唯贤，不论出身，亲自监督金融和司法工作人员以确保他们没有机会贪污一分钱，国王竭力从皇家土地和司法监管中获得所有应得的利益。政府允许部长兼温彻斯特主教理查德·福克斯（Richard Foxe）和大法官兼坎特伯雷大主教约翰·莫顿（John Morton）用一种后来被称为"莫顿叉"的方法来筹集资金。这是一种评估方法，既从那些节俭的人身上赚钱，因为他们有储蓄，也向那些富有的人征税，因为他们富有。莫顿、福克斯和国王的其他主要顾问（他们中大约一半是主教）都是枢密院的成员，枢密院现在实际上是国家的政府，大议会正在发展成为上议院。

上议院的实力因战争而削弱和减少，几个贵族家族完全毁灭，同时又没有新进的贵族填补空缺，而下议院大部分由郡和议员从城镇中选举的骑士组成，只有在需要他们的同意才能通过新法律或增加税收时才被召唤。因此，枢密院的地位至高无上，仅次于国王，其强大的司法机构星室法庭（因其设立在威斯敏斯特王宫中一座屋顶饰有星形图案的大厅中而得名），其裁决不受普通法和那些不拿薪水的国家治安法官的阻碍和约束。北方委员会负责北方各郡的管理，到目前为止，这些偏远地区在很大程度上仍易受到皇家法规的制约，但是，在关乎整个国家的问题上，他们仍需听取枢密院的意见。

当然，1485年都铎王朝的建立并没有立即结束冲突和叛乱。骗子兰伯特·西姆内尔（Lambert Simnel）是一名糕点厨师的儿子，自称是爱德华四世的侄子，在都柏林加冕为国王爱德华六世。1487年，他为入主英国争取了足够多的支持，但还是很快被打败了，为了活命他请求遣往御膳房当烤肉工，后又升为王家驯鹰师，这显示出国王对他自身的安全是多么的自信，在这个厌倦了冲突的国家里，国王已经非常愿意为了和平而接受独裁统治。另一个王位觊觎者珀金·沃贝克（Perkin Warbeck）声称是理查德三世统治时期被囚禁在伦敦塔的两个王子中较年轻的一个王子，入侵了英格兰，但不久他也被迫臣服于国王的军队。

都铎王朝的建立和玫瑰战争的结束也没有给中世纪画上一个完美的句号。这个国家的大多数人，仍然以他们古老的方式生活和工作，并未意识到任何显著变化的发生。国王统治的第二年，一条规约将他自己称作"此时此地至高主宰耶和华"，如果人们听过这句话，他们可能会觉得这条定例措辞很好。然而，深刻的变革正在悄然发生。文艺复兴时期，在希腊和罗马模式的影响下，艺术、文化及政治纷纷开花，于上个世纪或更早最先在意大利北部开始，现在已经席卷到整个欧洲，并促使人们去看待他们自己和生活，他

第一位英语书印刷业者威廉·卡克斯顿

们自己生活的世界绝非老式神学家和学者的超人世界。约翰·科利特（John Colet）是圣保罗大教堂的院长和圣保罗男校的创始人，1496年从意大利回到英国。两年后德西迪里厄斯·伊拉斯谟（Desiderius Erasmus）[1]从巴黎来到牛津大学，与此同时威廉·卡克斯顿（William Caxton）[2]在威斯敏斯特忙着印刷书籍传播新思想，这是他们的时代。

同时，世界也在扩张，葡萄牙探险家沿着非洲海岸向南航行。1497年，瓦斯科·达·伽马沿着好望角进行了一次重要的旅行，抵达印度。5年前，热那亚人克里斯托弗·哥伦布没能说服英国和葡萄牙国王投资他横渡大西洋的事业，他最终把西班牙国旗插在新大陆的海岸上，声称这是他的赞助人西班牙的费迪南德和伊莎贝拉的国旗。

---

[1] 德西迪里厄斯·伊拉斯谟是中世纪尼德兰（今荷兰和比利时）著名的人文主义思想家和神学家。——译者注
[2] 威廉·卡克斯顿是英国第一个印刷商，是莎士比亚之前对英语影响最大的人。——译者注

几个世纪以来,英国一直被视为西欧事务中一个相对无足轻重的离岸岛屿。此刻她正在成为一个不仅对低地国家和波罗的海各国,而且对法国和西班牙都很重要的国家和市场。她有专业的海员和经验丰富的商人,蕴藏着不为人知的丰富资源,总有一天会让她无比强大,加之通过本世纪冒险家为欧洲带来的发现,完全可以利用贸易优势占据世界上的特殊位置。虽然亨利七世的女儿玛格丽特与苏格兰国王詹姆斯四世的婚姻可能只是历代联姻关系中维护和平的审慎手段,就像亨利自己与约克的伊丽莎白的婚姻一样。但是,亨利的儿子亚瑟王子与西班牙国王斐迪南的女儿阿拉贡的凯瑟琳之间的婚姻,不能不被视为英格兰在世界格局中声誉上升的标志。

亨利七世1509年去世时52岁,比他的四位前辈都长寿,他给儿子和继承人留下了一笔巨大的财富,虽然他并没有放弃自己对建筑的兴趣。他大笔的钱挥霍在威斯敏斯特教堂的亨利七世礼拜堂,这是一个晚期垂直式或都铎哥特式风格建筑的绝佳示例。他为母亲玛格丽特·博福特(Margaret Beaufort)夫人建立的几家机构提供了费用,包括剑桥圣约翰学院和基督学院。他花费了巨额资金在海军的旗舰上,即我们所熟知的"玛丽·罗斯"(Mary Rose)号,这艘战舰于1545年沉没在朴次茅斯海港,1982年被打捞出来,现在可以在朴次茅斯的海军基地看到。

国王的长子亚瑟王子,与阿拉贡的凯瑟琳结婚时只有14岁,婚礼后不久就在拉德洛城堡去世了。后来,教皇被说服授予了一项赦免令,这样凯瑟琳就可以和亚瑟的弟弟,当时已成为英国国王的亨利结婚。

亨利八世是一个极具魅力的高智商年青人,创造无数成就且拥有非凡的自信,充分享受着由皇家园林、宫殿、运动娱乐带来的闲适,和由法院机构创造的思辨乐趣。加之托马斯·莫尔(Thomas More)爵士(著有《乌托邦》的人文主义学者、政治家和作家)、诗人斯凯尔顿（Skelton）、萨里（Surrey）、怀亚特（Wyatt），还有画家汉斯·霍尔拜因（Hans Holbein）等人带来的智识乐趣。霍尔拜因和追随者们为这位伟大的国王所画的画像，都是为了装饰国王众多的乡间住宅，此番景象，承蒙天恩。

  国王以一种似乎不知疲倦的劲头沉浸在追求快乐和利益的活动中，但在工作上，他很少像父亲那样殚精竭力，而是满足于把王室的大部分事务交给能干而贪婪的托马斯·沃尔西（Thomas Wolsey）打理。沃尔西是伊普斯威奇（Ipswich）一位屠夫的儿子，非常富有且大权在握，他是枢机主教（红衣主教）、约克大主教和大法官。他身材肥胖，穿着华丽的红色罩衫，爱骑驴子，他常常把一块浸泡在醋里的海绵包在橘子皮里，放在鼻下闻，以便远离周遭人的气味。人们经常可以看到他骑着驴子从他那辉煌的宫殿穿过威斯敏斯特大厅，在场的仆人都会大声吆喝："为我主的恩典，快点让路！"当国王厌倦只为他生了个女儿，但一直未有男嗣的阿拉贡的凯瑟琳王后时，很自然地就会求助于沃尔西，因为他痴迷于《圣经》经文："如果一个男人娶了他哥哥的妻子，这是一件不干净的事……他们将没有孩子。"国王决定离婚。为此，沃尔西找到了罗马教皇克莱门特（Clement）七世，请他通过亨利八世的离婚请求。克莱门特最近被凯瑟琳王后的叔叔查理五世皇帝赶出了罗马，为人优柔寡断，最近的不幸使他不知所措，迟迟没有给出沃尔西和国王所要求的答案。亨利此时已经爱上了王后的一位侍女，傲慢、易激动、性感的安妮·博林。她是杰弗里·博林（Geoffrey Boleyn）爵士的曾孙女，杰弗里·博林爵士曾是帽商、绸缎商和伦敦市长，买下了诺福克郡的布利克灵（Blickling）庄园，靠自己的打拼一步步成为乡间士绅。亨利八世被迫等待的时间越长，就越下定决心要让安妮·博林成为王后和他渴望已久的继承人的母亲。1532年年底，在沃尔西的耻辱死亡后不久，安妮就生下了她与亨利的孩子。第二

亨利八世的首席大臣托马斯·沃尔西主教

年1月,他们秘密而匆忙地结了婚。不久之后,一个改革派的已婚男子托马斯·克兰默(Thomas Cranmer),接替凯瑟琳王后的朋友威廉·渥兰(William Warham),被任命为坎特伯雷大主教。5月初,克兰默召集教会法庭,裁定国王与阿拉贡的凯瑟琳王后的婚姻无效。

教皇的回应是将亨利国王逐出教会,而亨利则启动了漫长的立法过程,始终坚持父辈努力维护的一条原则,即英格兰国王的权威独立于罗马教皇,并立即截留通常从英格兰流入教廷金库的年贡。

国王写了一本小册子,支持他在不扰乱罗马天主教教义的情况下努力改革国王和教皇之间的关系,或力争国王有权获得利奥(Leo)十世授予他的"信仰捍卫者"的称号,"信仰捍卫者"以拉

在亨利八世统治时期许多宗教场所被解散

丁语缩写"Fid Def"或"FD"出现在王国的硬币上。亨利国王召集了议会，他的父亲在23年中只召集了6次议会。议会欣然通过了《至尊法案》(Act of Supremacy)，宣布国王为英国教会的最高领袖。

宗教改革的立法带来的变革，是把罗马天主教的英格兰变成宪法制的新教国家。这一改变，并非不受大众欢迎，伴随它而来的解散修道院也没有发生。多年来，英国的反教权情绪一直在滋长，红衣主教沃尔西的倒台给人们带来了极大的满足，这使反教权情绪更加高涨，最为典型的是教主沃尔西骄傲自大，从世俗和教会的职务中积累了巨大的财富。多年来，人们也日益感到大多数自中世纪就确立的职能中，教堂都很少履行，其中一些圣堂，用官方声明的话来说，就是被核查的那些基础机构是"罪恶、奸邪、淫乱、恐怖的"巢穴。

有人反对摧毁某些地区的修道院，因为这些修道院仍在为穷人和旅行者提供食物和住所，并为周围教区的家庭子女提供教育。在麻烦不断的北方，被称为"恩典朝圣"的起义曾一度让政府感到不安，但解散修道院却并不会引起混乱，然而唯一可能让人抱怨的是完成国王的革命。托马斯·克伦威尔是沃尔西的前秘书，铁匠的儿子，在帕特尼（Putney）经营着一家小酒馆，有着非凡的行政能力和专一坚定的决心。

作为国王的总督，克伦威尔监督拆毁修道院，将修道院的财产和土地转让给国王，并通过扩产法庭将修道院出售给英国绅士、富有的投机商，最常见的是，出售给当地现有的地主。英格兰一些宏伟的修道院仍然处于浪漫的废墟之中，其中包括约克郡的科斯托尔（Kirstal）修道院、杰维斯（Jervaulx）修道院、里沃兹（Rievaulx）修道院和方廷斯修道院，它们的庭院现在与斯塔德利皇家（Studley Royal）公园相连。其他许多房屋被改造成私人住宅，比如威尔特郡的拉科克修道院（Lacock Abbey）和汉普郡的莫特森特（Mottisfont）修道院。几座新房子建在废弃修道院的空地上，比如约翰·锡恩爵士位于拉黛贡德（St Radegund）修道院土地上的朗利特（Longleat）庄园。很少的钱用于慈善和教育机构的捐赠，正如改革的神职人员希望的那样，尽管剑桥三一学院是国王在1546年创办的，在那之前的基督教堂，比如沃尔西在牛津创建的红衣主教学院，以及后来的奥古斯丁圣弗丽德丝维德（Frideswide）修道院都被一一拆除。

1541年，当大多数修道院被移交给新主人时，亨利八世已经50岁了。这个曾经英俊、柔弱的年轻人也越发肥胖了，俊美的面容变得粗糙了，他在民众中激起的恐惧多于钦佩。越来越暴躁和歇斯底里的安妮·博林因被控与包括她弟弟在内的数名男子通奸而被斩首。国王的第三任妻子简·西摩，在生下他渴望已久的儿子爱德华后，死于难产。他的第四任妻子，单纯的克里维斯（Cleves）的安妮，是因克伦威尔追求一个德国联盟而强迫亨利八世迎娶的，这

凯瑟琳·帕尔和亨利八世

也导致了托马斯·莫尔爵士的继任者克伦威尔更受欢迎，而莫尔因承认教皇至上的原则而被处以死刑。国王的第五任妻子凯瑟琳·霍华德也被斩首，她被指控与安妮·博林一样对国王不忠。最后，他在第六任妻子凯瑟琳·帕尔的陪伴下，在年事已高的痛苦中找到了一丝安慰，她是一位善良、温顺的寡妇，善待他的孩子，让他把溃烂的腿放在她的双膝上，与他讨论那些始终令他着迷的深奥的宗教问题。

♛

亨利八世在统治时期大部分时间都公正地惩罚宗教异见人士，无论是罗马天主教徒还是新教徒。他的儿子爱德华六世，在 9 岁时成功继承他的冷峻和"孤独、聪明",是一个虔诚的新教徒,周围都是新教顾问,尤其是他的叔叔爱德华·西摩,萨默塞特公爵,他为自己获得了"国王陛下所有领地的保护者、王室总督"的头衔。国王仍然是信仰的捍卫者,但这种信仰现在更为公开地变成了新教,正如《四十二条信纲》(1571年《三十九条信纲》之蓝本)定义的那样,1563年达成的宗教决议现在仍然有效。休·拉蒂默(Hugh Latimer)在亨利统治时期辞去了伍斯特(Worcester)主教的职务,在他大力宣讲布道之后,他回到讲坛上发表了比以往任何时候都更先进的观点。坎特伯雷大主教托马斯·克兰默此时已经放弃了他的信仰,他颁布了《共同祈祷和圣礼管理条例》(The Booke of the Common Prayer and Administration of the Sacraments),1549年的《统一法案》(Act of Uniformity)要求在教堂中使用该条例,而不是古老的拉丁语仪式。由于没有可供掠夺的修道院,国王的顾问们转向小教堂——专门为死者祈祷的神龛,并没收了教堂的捐赠。萨默塞特公爵把他积累的大部分财富都挥霍在了海滨萨默塞特宫的建造上。为了给新建的宫殿腾地方,圣母和无辜者的诞生教堂被拆除,以便为新宫殿的建造供应石材,圣约翰·科伦威尔(St John Clerkenwell)的修道院教堂大部分被炸毁,除了南门之外,几乎没有建筑幸免于难。有人试图从圣玛格丽特的威斯敏斯特拿走石头,但被这里的教民赶走了。

在英国的其他地方,不仅发生了反对宗教改革的抗议,而且还弥漫着反对农业革命的声音。在德文郡和康沃尔郡,人们对于祈祷时不得不使用祈祷书,且不能使用他们长期以来熟悉的拉丁形式,表示强烈抗议。1547年,在东英吉利发生了一场叛乱,由富裕的地主罗伯特·克特领导,他们反对圈地放牧的做法,反对不断侵占穷人赖以生存的耕地和公共土地的行为。克特的叛乱很快被镇压,他和兄弟被绞死,但是萨默塞特公爵在处理日益严重的危机时

《共同祈祷和圣礼管理条例》

犹豫不决的态度使得他的对手沃里克伯爵，也就是后来的诺森伯兰公爵，趁着国王的健康状况正在迅速恶化，以国王的名义接管了政府。

诺森伯兰公爵清楚地意识到，如果国王被合法的继承人——他同父异母的姐姐——阿拉贡的凯瑟琳虔诚的罗马天主教徒女儿玛丽所取代，那么他将像萨默塞特公爵那样迅速倒台，所以诺森伯兰公爵努力地寻找一位新教教徒做濒死国王的继承人。他匆忙地安排他的儿子与简·格雷小姐结婚，而简·格雷小姐正是国王的表妹，亨利八世妹妹的孙女。

1553年7月6日下午，爱德华国王去世，年仅15岁。在喝了医生开的药后，死于药物中毒。他手脚肿胀，皮肤发黑，手指和脚趾被坏疽感染，头发和指甲脱落。当被告知爱德华提名自己为他的继承人时，简·格雷小姐吓得晕倒在地，随即含泪宣布她没有权利继承王位，因为玛丽小姐"才是合法的继承者"，她相信这一切是神的旨意。最终王位被让予玛丽。

然而，英国人并不准备屈服，玛丽也是。她在法兰林汉姆（Framlingham）城堡里向议会发出命令，要求议会承认她的权利，在这一点上，甚至伦敦的新教公民都支持她。因为他们被诺森伯兰公爵的奢侈腐败和管理不善所激怒，诺森伯兰公爵像萨默塞特公爵一样无情地劫掠教会，把财富挥霍在斯塔福德郡（Staffordshire）的达德利城堡以及他在伦敦伊利广场的豪宅上。玛丽毫无阻碍地进军伦敦，诺森伯兰伯爵被逮捕并执行处决，而简·格雷小姐因为她父亲在鲁莽的同谋托马斯·怀亚特爵士的左右下，暗示要对玛丽进行反抗，同样遭到处决。

玛丽是一个贤惠而认真的女人，她很适合修女那种安静、有序、天真无邪的生活。她超凡脱俗，易受影响，对她所爱的人以及作为她生活支柱的宗教有着不可动摇的忠诚。她的统治终将铭记于世，因为新教徒们在史密斯菲尔德噼啪作响的大火中丧生，其中有前伍斯特主教休·拉蒂默、伦敦主教尼古拉斯·里得雷，还有克兰默，他们都在牛津被活活烧死。约翰·福克斯在一本书中纪念300人的殉难，书中强烈地暗示英国人被上帝选中与那些以教皇的身份反对基督的人相抗争，后来此书被认为是非常重要的一部作品，它可应用于所有教堂、宗教场所，作为贵族和上层神职人员的工具，来帮助陶冶仆人和来访者的情操。

然而，主持这场流血事件的玛丽本性并不残忍。她固执己见，心胸狭窄，她无法想象出除此之外她还有什么别的路可走。男人和女人必须为他们拒绝接受天主教而受苦，在玛丽看来，这不是为了惩罚，而是为了救赎。她的丈夫出于政治考虑，而非宗教原因，劝她不要那么严格，但一切都是徒劳。

这位丈夫就是西班牙国王菲利普二世，他是一位庄重、彬彬有礼的年轻人，深受她的爱戴，代表着她最珍视的一切——她母亲的国家和母亲的信仰。她渴望和他生个孩子，以便把他们两个国家联合起来，成为神圣的罗马三位一体。但是她所有的希望都落空了。一次又一次的怀孕证明这一切无非是虚幻，而她的丈夫，比她小11岁，此时已经回到西班牙，认为他的妻子缺乏"对肉体的全部情感"。1558年，她死于卵巢癌，痛苦不堪，无人哀悼，常常沉溺于痛苦的深渊，她害怕被暗杀，于是常穿盔甲，她被西班牙拖入了一场与法国的战争，结果失去了英国在欧洲大陆的最后一个立足点加来。

对于英国来说，这无疑是一段悲惨时期。这个国家正处于经济衰退之中，已经被那些失业的、不守规矩的流浪汉所拖累，这在今后几年里将成为一个棘手的问题。物价上涨，大多数工人的工资仍然很低，外地工人每天大约挣两便士，这些钱只够他们买一只兔子。他们绝望无比，将最后的希望全都寄托在了他们的新女王——安妮·博林的女儿伊丽莎白身上。她白皙、沉稳、衣着简朴，信奉新教。据说，当被告知她同父异母的姐姐去世，将由她继承王位之后，女孩跪在一棵橡树下的草地上，引用第118篇圣诗，用拉丁语说道："此乃主之所为，于吾心有戚戚焉。"

25岁的伊丽莎白女王已经是一位令人敬畏的人物。西班牙驻伦敦大使在给他主人的一份报告中说，她的顾问们对她的恐惧比她姐姐"有过之而无不及"。她"无疑是一个非常聪明的年轻女人"，但"极其自负"。这当然是真的。她能熟练地阅读拉丁文和希腊文，她会说法语、西班牙语、意大利语、拉丁语，甚至还会说一点威尔

第三章 权力的争夺

伊丽莎白一世的宫廷

士语。她的导师罗杰·阿谢姆（Roger Ascham）从来没有见过一个学生的理解力和记忆力比她更强。她能聪明地谈论任何话题，每天花三个小时读历史。然而，尽管她非常机敏聪慧，却很容易被毫无道理的奉承所打动。即使在老年时，一头柔顺的金红色秀发早已让位给假发，剩余的牙齿在她皱巴巴的下巴里都发黑腐烂，她仍然希望她喜欢的英俊男人来到她的宫廷，奉承她是多么的美丽：他们将死于对她的仰慕之中，他们无法长久地注视她的脸庞，因为她的可爱弄得他们眼花缭乱。在她生命的最后时刻，她拉开衣服的前襟，以便让面前的法国大使能看到她的胸部和腹部，"甚至到肚脐"，而大使却对她这一举动感到十分不安。

她既麻烦又轻浮，难于相处又固执己见，不愿做出决定却又不断改变主意，既急于把政府的成功归功于自己，又喜欢在事情出错时把责任推给部长们。她专横、独裁、自私且忘恩负义，当侍女们、大臣和议员们惹她生气的时候，她都会狠狠地扇他们一巴掌。他们都承认她的权威，但往往采取与她的意愿相左的决策，不让重要文件进入她的视线，并鼓励大使给她误导性的报告。幸运的是，他们大多数人本身就具有非凡的才能。其中包括威廉·塞西尔爵士，后来的伯利勋爵，他勤奋，值得信赖，是一位治国有道的大师。还有弗兰西斯·沃尔辛厄姆爵士，他是一个精明能干、才华横溢的组织者，拥有欧洲大陆上无与伦比的代理商网络。还有克里斯托弗·哈顿爵士，上议院的大法官，下议院的操纵者。伊丽莎白的宫廷确实是一个天才密集的忙碌蜂巢，智慧和勇气的价值远远超过出身和家世，即使那些装饰华丽、风度翩翩的人，就像英俊可爱的莱斯特伯爵和沃尔特·雷利爵士，还有士兵、航海家、诗人、历史学家、化学家等，都被认为是杰出的人。宫廷里鼓励音乐家、艺术家和文人墨客，也鼓励像霍金斯、弗罗比歇和弗朗西斯·德雷克爵士这样的冒险家，他们从航海中带回了大量财富，让女王（更确切地说,是吝啬的会计)高兴不已,因为她充实了自己的金库。

在经历了前一段痛苦的统治时期之后,事实上,这是一个黄金时代,有克里斯托弗·马洛、莎士比亚、菲利普·锡德尼、埃德蒙·斯宾塞、尼古拉斯·希利亚德、托马斯·塔利斯、威廉·伯德和奥兰多·吉本斯,以及哈克卢特的《英国的大航海与发现》(*Voyages and Discoveries of the English Nation*),此书描述了该国航海家的探索,其中一位航海家詹姆斯·兰开斯特的东印度群岛之旅,导致了东印度公司的建立和帝国在印度的殖民。其他的航行和发现,最终造就了一个更大的横跨大西洋的帝国——美国。然而,女王是这个时代的赞助人,而不是继承人。她的成就被夸大了,她

威廉·莎士比亚

死后的名声是宣传战胜理智的胜利。宗教和解是一种妥协——尽管对于那些和女王一样对琐碎的教义争论缺乏耐心的人来说是受欢迎的,但对于极端的新教徒(即清教徒)和虔诚的天主教徒来说,都是不可接受的。女王的性命有好几次处于阴谋家的算计之中,其中最著名的是诡计多端的苏格兰女王玛丽,她是苏格兰詹姆斯五世的女儿,亨利七世的曾孙女。玛丽·斯图亚特曾经是法国国王的妻子,她在苏格兰生活对伊丽莎白来说,和在她被新教领主赶出英国时一样麻烦,因为新教领主对她与博思韦尔伯爵的婚姻感到愤怒,而博思韦尔伯爵是杀死她第二任丈夫达恩利勋爵的凶手。伊丽莎白女王没有退缩,没有因其他同谋者遭受酷刑、被绞死、肢解而做叛

西班牙军队

徒。但是玛丽，作为女王和她的表姐，却不愿意受审，直到她被证明与天主教刺客安东尼·巴宾顿（Anthony Babington）的阴谋有关，伊丽莎白才同意签署玛丽女王的死刑令，事后她特别指责那些人，要对1587年在福瑟林海城堡（Fotheringhay Castle）的仓促处决负责。

第二年，来自西班牙的无敌舰队似乎给女王的宝座带来了更大的威胁。一支庞大的舰队和数以万计的士兵在教皇的祝福下被派去推翻异端的英国女王，使英国重新回到天主教的怀抱并且提防英国军队干涉荷兰，在那里新教叛军正在反抗他们的西班牙主人。但事实证明，西班牙战舰无法与机动性更强的英国小型战舰相匹敌，由

于遭受了重大损失,它们被风暴驱散了。这场灾难的幸存者被迫向越来越远的北方驶去,他们绕着苏格兰航行,沿着爱尔兰海岸航行,许多爬上岸希望获救的人遭到抢劫、谋杀或勒索。

危险过去了,女王向聚集在蒂尔伯里(Tilbury)的部队发表演说,传递令人激动的爱国主义精神,又变回她曾经吝啬惜金的模样,拒绝向船员提供资金,也不给海军指挥官足够的支持。然而,在全国范围内,大量的资金被用于建造房屋,这些房屋的建造者要么是通过女王授予他们报酬丰厚的官职、垄断企业和许可证而大发横财,要么是通过自己在贸易和金融方面往往是见不得人的投机而赚个盆满钵满。伯利勋爵威廉·塞西尔被授予沃德(Wards)法院院长一职,这是一份非常有利可图的职位,他在林肯郡拥有伯利大厦,在伦敦附近有一幢叫特奥巴德兹(Theobalds)的房子,由于"女王陛下经常光临",他必须不断扩建这幢豪宅。英国女王的大法官克里斯托弗·哈顿在北汉普郡(Northampton)建造了霍尔登比(Holdenby)大厦,这座房子已经准备了10年,大量的仆人徒劳地等待着女王的到来。骑兵统帅莱斯特伯爵在沃里克郡的凯尼尔沃思城堡也花了一大笔钱。一些在女王统治时代通过有利可图的公务或羊毛布出口等商业贸易发了财的人,纷纷认准著名的石匠和建筑师罗伯特·斯迈森(Robert Smythson),向他请教关于自己建筑的设计问题,比如弗朗西斯·威洛比爵士就沃拉顿(Wollaton)庄园,诺丁汉亨利·格里菲思爵士就伯顿阿格尼丝(Burton Agnes)大厅,亨伯赛德(Humberside)郡和什鲁斯伯里伯爵夫人就德比郡的哈德威克(Hardwick)庄园的戏剧化地结合了哥特式与古典式风格的建筑等,都向斯迈森咨询过。其中一些房子非常大,比如约维尔(Yeovil)附近的蒙塔丘特,另一些房子则相对较小,比如建于1558年由华盛顿家族成员居住的牛津郡萨尔格雷夫庄园(Sulgrave Manor)。大部分建筑是由砖和石头建造的,也有一些是木制的,比

柴郡的小莫尔顿大厅，都铎王朝时期典型的半木结构庄园

如小莫尔顿庄园是柴郡（Cheshire）一处令人惊叹的黑白建筑，威廉·莫尔顿在15世纪50年代将一座带喷气孔的门楼加了进去，形成许多"E"的形状，据说这是在奉承伊丽莎白，就像查理科特庄园（Charlecote Park）一样，据说年轻的威廉·莎士比亚在这里偷猎探险被发现，企图在大厅鞭打房子的主人托马斯·露西爵士，后来被人们嘲笑为浅薄的正义。

1603—1660 年

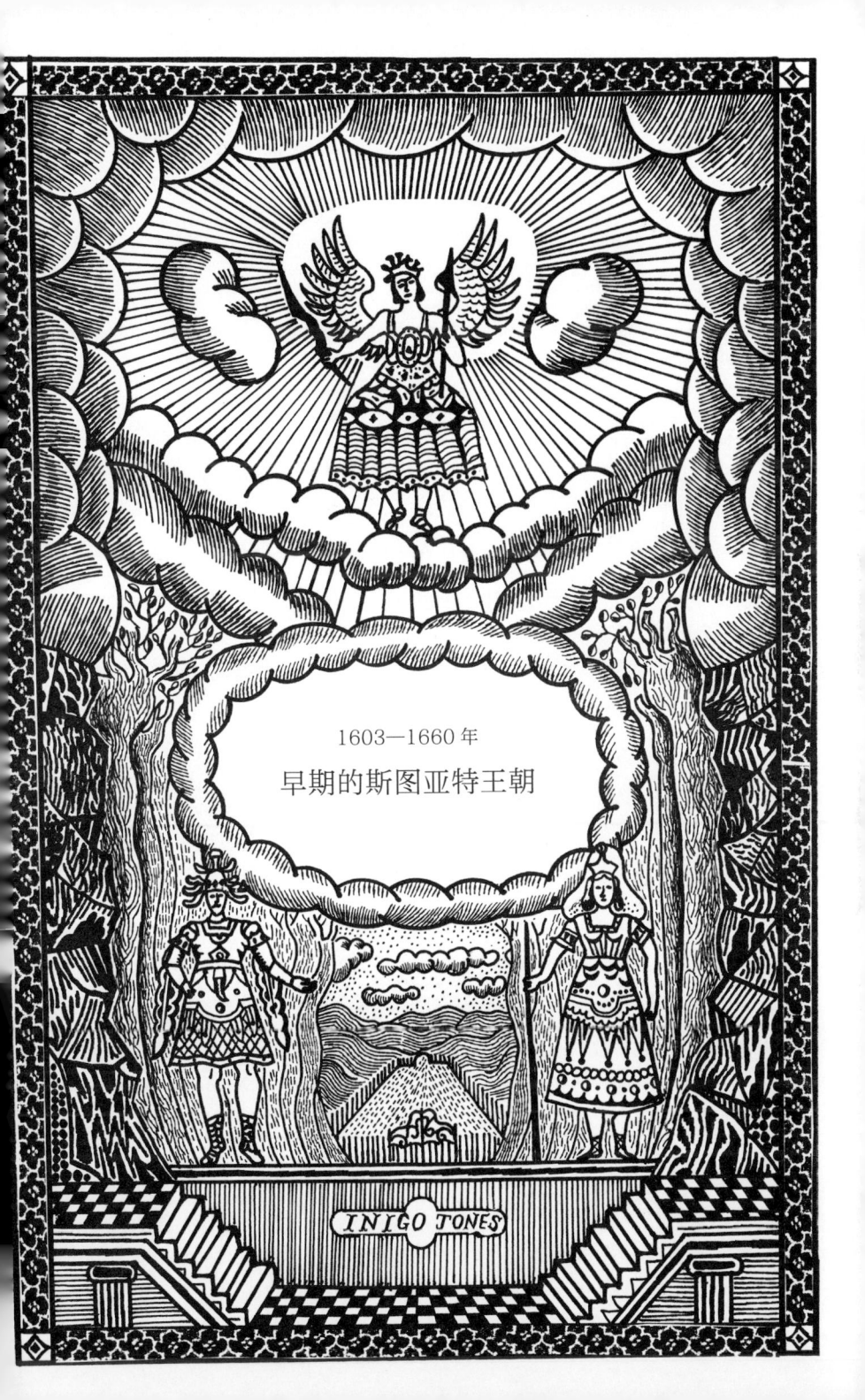

早期的斯图亚特王朝

INIGO JONES

1603年3月24日清晨,在里士满宫的大卧房里,伊丽莎白女王把她布满皱纹的苍白脸庞转向墙壁,静悄悄地去世了。三个小时后,天一亮,就有一个信使飞奔到爱丁堡去通知她的近亲、苏格兰女王玛丽·斯图亚特的儿子苏格兰国王詹姆斯六世,他也将成为英格兰的国王了。

在斯图亚特王朝的第一位君主来到伦敦几年后,本·琼森(Ben Jonson)的《奥古斯都的面具》(*Masque of Augures*)在新近完工的白厅的宴会厅上演。没有什么比这更恰当地象征着一个新时代的开始。宴会厅由伊尼戈·琼斯设计,天花板由彼得·保罗·鲁本斯绘制,这是伦敦出现的第一座纯粹的文艺复兴时期的建筑。在它建造期间,圣巴塞洛缪医院的医生威廉·哈维正在写一篇论述血液循环的论文;威廉·吉尔伯特的《磁石学》(*De Magnete*)建立了地球的磁力理论,并创立了电子科学研究;圣保罗学院院长约翰·多恩写了一首诗,宣称他是形而上学派中最为著名的诗人;最近完成的《圣经》授权版本,被公认为是英语散文的杰作;弗朗西斯·培根正在修改一部伟大的著作,著作提出了他激进的哲学体系;还有被称为"清教徒之父"的英国清教徒刚刚乘"五月花"号船来到北美,并在马萨诸塞州的新普利茅斯建立了一个新英格兰的繁荣殖民地。

现在统治着他们所离开的英国的国王不是一个值得尊敬的人。

萨利公爵把国王描述为"基督教世界里最聪明的傻瓜",他当然最有学识,但却同样迂腐死板,毫无威信。他自大傲慢,不修边幅,爱用"本国的方言"说话,嗓门很高,往往喜欢用"令人恼火的教条主义"表达自己的观点。他害怕巫婆和生铁,讨厌大海和猪,并写了一篇抨击反对抽烟的文章,导致现在抽烟的人比过去多得多了。过去当仆人看到烟雾从沃尔特·雷利爵士的嘴里冒出来时,以为他着火了,会赶快给他扔去一壶麦芽酒。

人们认为,国王应该把更多的精力放在海军的建设上,而不是沉溺于抽烟、罪恶的巫术,以及和宫廷里那些英俊的年轻人厮混。自从与西班牙的长期战争结束以来,海军的需求一直被忽视。关于阿尔斯特(Ulster)的问题,长老会教徒被安置在天主教爱尔兰人被驱逐的土地上,英国清教徒和天主教徒的不满情绪在日益增长。

沃尔特·雷利爵士在用烟管抽烟,这是 17 世纪初的一种常见习惯

1605 年，天主教徒策划了一个阴谋，他们计划在议会大厦里炸死詹姆斯国王和大臣们，盖伊·福克斯在地下室藏好火药桶，但议会开始前的开幕典礼上，警卫队中的自由民对议会大厦进行了例行检查，最终使这个阴谋没有得逞。

然而，与其说是天主教徒，不如说是激进的新教徒，被国王视为他权威的"最大威胁"。国王在 1604 年汉普登法院会议上尽管同意了新译的《圣经》（最终在 1611 年以国王詹姆斯版或授权版本而出现），但是他坚决拒绝大部分新教徒对英国圣公会提出的改革要求，也拒绝了主教对祈祷书和教会改变的要求。

詹姆斯一世坚持认为，他作为国王的权威是由古老的神权学说赋予的。他认为所有的臣民都应该服从他作为上帝在人间的代理人的身份。觐见者即使是女人也要在他面前下跪，议会被认为仅仅是王室意志的工具，召集议会只是为了同意王室的决定并为王国的管理提供必要的资金。当然，国王对议员抱有明显的不屑，并似乎下定决心要贬低他们在政府中的卑微角色，大多数议员对此感到不满。议员越来越坚定地要求自己有权在国家大事上发表意见，不仅仅是提供引导性政策，而至少在政策的制定上有发言权。

国王与他的第一个议会在金钱问题上产生了分歧，国王解散了它，并在之后的十年都没有再召集，而是通过出售贵族爵位来筹集资金。1621 年，由于资金短缺，国王被迫再次召集议会，但议会成员就国王要求的财政用途而征求意见的权利存在未解决的争端，这很快导致了进一步的争吵，国王再次解散议会，抱怨议员们傲慢无礼。他下定决心，议会不应获得比他认为更多的权力。议会的权力应该受到限制，正如中世纪那样，仅对君主进行王国事务所需的财政花费进行投票。詹姆斯国王在与议会的最后一次争吵后不久就去世了，留下他的儿子查理一世来处理这个问题，而这个问题只能通过他自己的横死来解决。

第三章 权力的争夺

1605 年，盖伊·福克斯在议会大厦的地下室藏火药桶

查理一世有许多令人钦佩的品质，但他得到更多的是尊重而不是爱戴。他严肃、矜持、挑剔、拘谨，天生缺乏幽默，这些都是妨碍亲密关系形成的障碍，大多数人觉得难以逾越。他有点轻微口吃，这对于另一个人而言可能是有吸引力的地方，而对他来说却是一个使他很难与陌生人缓和紧张气氛的缺陷，似乎明显的忧郁气氛始终围绕着他，这在凡·戴克的著名画作《查理一世三面像》（Charles I in Three Positions）也能看出来。贝尔尼尼（Bernini）在描述查理肖像的面容表情时，用了"注定毁灭"一词。雕刻家说："从来没有，我从来没有见过比这更不幸的面容。"

查理是一个勤奋的人，而非一个聪明的人。他比其他人更懂书本，但似乎无法与臣民进行亲密接触，而年轻的伊丽莎白一世却能亲密接触臣民，在议会中非常受欢迎。他与议会的交流从一开始就是灾难。他和他父亲一样，坚信国王的权力神圣不可侵犯，他对待议会的态度腼腆而冷淡，又似乎是轻蔑。议会成员越来越同情清教徒，对他和他外国的天主教妻子、他的密友白金汉（Buckingham）公爵，他对教会的高度忠诚以及他与国外的暧昧纠葛都抱有极大的怀疑。当要求他们向进口关税归国王终身享有投赞成票时，议会拒绝了，只允诺向他缴纳一年的关税。而作为回应，国王解散了议会，征收了被拒绝的关税，提出强行贷款，并威胁要将那些拒绝缴纳关税的人打入大牢。1628年，他因资金短缺再次被迫召集另一个议会，他发现自己面临着由约翰·艾略特爵士领导的强大的反对派，他将约翰·艾略特逮捕并关进伦敦塔，但在此之前，他亲爱的挚友白金汉公爵被谋杀，而他不得不接受一个权力请愿书，禁止征收未经议会同意的税。

议会解散后，查理依靠各种经济手段得以生存了11年，直到1640年，他试图将自己在苏格兰特威德北部的崇高宗教信仰强加于人，一支反抗的苏格兰军队才进军英格兰。此时不可避免地出现

第三章 权力的争夺

凡·戴克在画《查理一世三面像》

了另一个议会，因此，后来被称为"长议会"的议员们才聚集在威斯敏斯特。

他们立即下令逮捕斯特拉福德伯爵和坎特伯雷大主教威廉·劳德，斯特拉福德是国王最无情且高效的大臣，劳德是"一个出身低微的红脸男人"，用他的众多敌人之一的话说，他死板无趣，直言不讳，有时急躁，经常鲁莽，是高教会派教义的强烈支持者。在国王被迫同意处决斯特拉福德之后（劳德一直跟踪他到绞刑架），国王和议会之间的暴力冲突进一步加剧。长期以来，议会采取了一系列措施，限制国王的权力，同时增加自身的权力。这些措施毫无阻碍地都通过了，但是宗教改革计划暴露出成员之间存在着广泛的意见分歧。一项民兵法案也提出了把军事指挥权从王室移交给议会，由约翰·皮姆和下议院其他领导人提出的《大抗议书》(Grand Remonstrance)，敦促教会进行彻底改革，包括遏制主教的权力，由议会批准的部长取代国王的顾问。这些要求太过无礼，国王无法容忍。由于他犹豫了太久，导致一切为时已晚。他带领一队剑客前往下议院，准备逮捕皮姆和其他四名议员。当他到达那里时，早已人去楼空，"所有的鸟都飞走了"。他们逃往不会把他们交出去的城市，一场战争势必不可避免。1642年8月22日，在诺丁汉附近的一片田野上，国王查理在阴郁的天空下展开了他的旗帜。

那时听从他指挥的还不到一千人，许多宣誓效忠的人都和埃德蒙·弗尼爵士（不久之后在沃里克郡为国王而战时阵亡）一样，他曾宣称"我不喜欢争吵，打心眼里希望国王能投降"。许多本来可能支持国王的人，哪怕只是像维尼那样表现出单纯的忠诚，最后也都退缩了，这只是时间的问题。而另一方面，国王仍在向议会示好，他似乎希望，即使是现在也能达成妥协。人们不愿公开表态承认他们所支持的对象，因为随时可能被卑鄙小人和流言蜚语影响，使他们遭受怀疑，遭到抛弃或背叛，从而危及他们的前途。但随后议会宣布，所有不支持该法案的人都是"违法者"，他们的财产将被没收。这意味着那些乐于保持中立的人实际上不得不为自己的利益而战，如果议会获胜，这些人的财富可能已经损失殆尽，而现在，他们开始征募军队，为国王而战，国王胜利了才可能拯救他们。

如果说是个人利益推动了早期保皇派事业支持率的飙升,那么其他一些同样重要的原因也在最终决定投靠国王的人中起到了推波助澜的作用。许多人不仅认为国王的威严是神圣不可侵犯的,他们还有一种强烈的感觉,觉得查理国王是教会真正的捍卫者,正如他自己所主张的那样,他急于在教皇派和清教徒主义之间找到一条稳定而真实的道路。他怀着钦佩的心情读了理查德·蒙尔斯古的《凯撒雷姆篇》(*Appelo Caesarem*),其中把教皇制等同于暴政,清教主义等同于无政府主义,并得出结论说:"教皇制是迷信的发源地,清教是通往先知的大道,两者都是虔诚的敌人。"这句话准确地表达了国王自己的观点。他憎恶他天主教徒妻子的牧师,他甚至更加厌恶清教地主和下议院商人以及清教布道者的观点,这些清教布道者十分狂热,他们布道新教,在伦敦随处可见。他和父亲一样,也相信对主教的攻击就是对国王的攻击。此外,虽然内战从来就不是阶级斗争,贵族内部同样存在相当多的分歧,但许多国王的支持者却有一种不可否认的恐惧,认为下层阶级(主要是清教徒的商人和城镇的店主)会利用这个机会来推翻他们的主人,意图破坏权力结构,以实现自己的利益。反对国王的人代表着反叛和混乱,而不是法律和秩序。除约克郡和兰开夏郡(Lancashire)的工业化地区、西米德兰郡和威尔士以及西部地区外,这种情绪在北方最为强烈。另一方面,议会则得到英格兰东南部和伦敦最为有力的支持,但没有明确的分界线。数百个家庭因支持对象不同而分裂,许多人随着战争的命运而左右摇摆;而成千上万的农村人发现自己被卷入了这场冲突,被迫站在他们的地主和主人选择支持的那一边。还有更多的人不太清楚这样的小题大做是为了什么,或者根本不在乎他们生活在哪个政府的统治下,只要他们能继续耕地、有货可卖就行了。每100个人中只有3个人积极参与了冲突,有些人甚至根本不知道冲突的存在。在第一次战斗打响很久之后,约克郡的一个农场工人，当被建议远离骑士派与议会派两军之间的火线时，才第一次得知"他们两方已经闹事了"。

由于他们在骑兵方面的大幅优势，起初似乎国王的士兵（后来被称为骑士派）会获胜，如果他们的指挥官，国王年轻的侄子，莱茵河上的鲁珀特（Rupert）王子，不那么冲动，他们很可能在非决定性的埃奇希尔（Edgehill）战役中赢得重要的胜利。此后，保王派的命运开始衰落，潮流转向议会议员或圆颅党（Roundheads）——因他们的短发造型与骑士飘逸的长发形成了鲜明的对比而得名。当更有才华的人在他面前的时候，肥胖且迟钝的埃塞克斯伯爵显得相形见绌，议会军由白金汉郡较有影响力的国会议员约翰·汉普登来统领。然而他在查格罗格夫（Chalgrove）遭到致命误伤，是由骑兵领

骑士，国王的支持者

第三章　权力的争夺

袖费尔法克斯勋爵、诺丁汉郡的年轻律师亨利·艾尔顿和艾尔顿的岳父奥利弗·克伦威尔造成的误伤。艾尔顿是国王最顽固的敌人之一。克伦威尔是一位笨拙的农民，来自亨廷登（Huntingdon），双眼深陷，脸上长着疣子，鼻子很大。他是剑桥大学的议员，冲突双方都认为他是一个目标坚定、实力强劲、充满自信的爱国主义者。"他的衣服很普通，也不是很干净。"一位第一次听到他在下议院发言的议会议员写道，"我记得他的腰带上有一两滴血，不过腰带比他的衣领大不了多少。他的帽子没有帽带。他身材魁梧，剑插在腰间，脸涨得通红，他的声音尖锐，发言充满热情。"

一位议会成员显然对克伦威尔的粗糙脸庞和脸上的疣子产生了兴趣，"汉普登先生，请问，那个莽夫是谁？"汉普登回答说："如

果我们要跟国王打一仗，在这种情况下，那个谈吐简单、毫无华丽词藻的莽夫，要我说，他将成为英国最伟大的人。"

事实证明确实如此。由于在马斯顿荒原战役中失败，国王失去了北方；在纳斯比战役中，他又损失了大部分军队；而在普雷斯顿战役之后，他会丢掉自己脑袋的结局变得越来越清晰。1649年1月一个寒冷的日子，国王在宴会厅窗外的绞刑架上被砍了头。而奥利弗·克伦威尔，曾经签署了王室"暴君、叛徒、杀人犯和公敌"的死刑令的人，确实成了英国最伟大的人物。

克伦威尔无情地对待其他敌人，囚禁或射杀军队中的叛乱者；残酷地镇压爱尔兰的叛乱；打败了宣布查理一世之子为国王的苏格兰人；1651年9月在伍斯特战胜了敌人，建立了一支舰队，布莱克海军上将用这支舰队打败了荷兰人；为镇压以约翰·利尔伯恩为首的平等主义者，他们提出了一项根本不合自己口味的激进政治计划；他愤怒地解散了所谓的残余势力，这是长议会在他的一名军官，伦敦啤酒商托马斯·普赖德上校的清洗中幸存了下来的不成气候的力量。普赖德之前逮捕或驱逐了100多名持不同政见的议员。

克伦威尔用一个主要由他自己选择的议会取代了残余议会，但这只持续了几个月。1653年12月，根据一项政府文书，他成为英格兰联邦的护国公。他越来越多地通过法令进行统治，通过将国家划分为11个由少将指挥的地区，建立了直接的军事统治。

尽管克伦威尔的统治很严厉，但这是一种普遍仁慈的专制制度，很大程度上允许知识自由和宗教宽容，允许犹太人返回英格兰。但这也是一个并不令人愉悦的统治，他见证了全国教堂里无数宝物被肆意破坏，而破坏的理由是这些被雕刻的偶像是"坟墓图像"，注定要毁灭，比如毁掉中世纪可爱的雕塑和伊利大教堂的圣母教堂的彩绘窗户。

护国公死后，他的儿子理查德继承了王位，护国公的政权立

第三章　权力的争夺

1649 年 1 月 30 日，查理一世在白厅的宴会厅外被处决

1653 年成为护国公的奥利弗·克伦威尔

即开始瓦解。他的一位将军乔治·蒙克,后来的阿尔伯马尔公爵(Albemarle),占领了伦敦,并安排了新的议会选举。1660 年,议会要求长期流亡法国的已故国王的儿子——查理二世以国王身份回国来解决危机。

共和主义的实验结束了。议会宣布,"根据英国古老而基本的法律,政府是,而且应该是,由国王、贵族和平民共同组成"。然而,尽管国王又一次坐上了王位,但权力之争只是表面上朝着有利于君主的方向而结束罢了,再也不能恢复到国王有绝对统治权的时候了。父亲失败了,儿子也可能失败。议会不仅确立了金融控制权，而且确立了就外交政策和宗教以及贸易和内政问题征求意见的权力。未来，君主面临的问题不是如何击败议会，而是如何影响交替控制其多数席位的敌对政党，直到君主被认为完全凌驾于纷争之上。

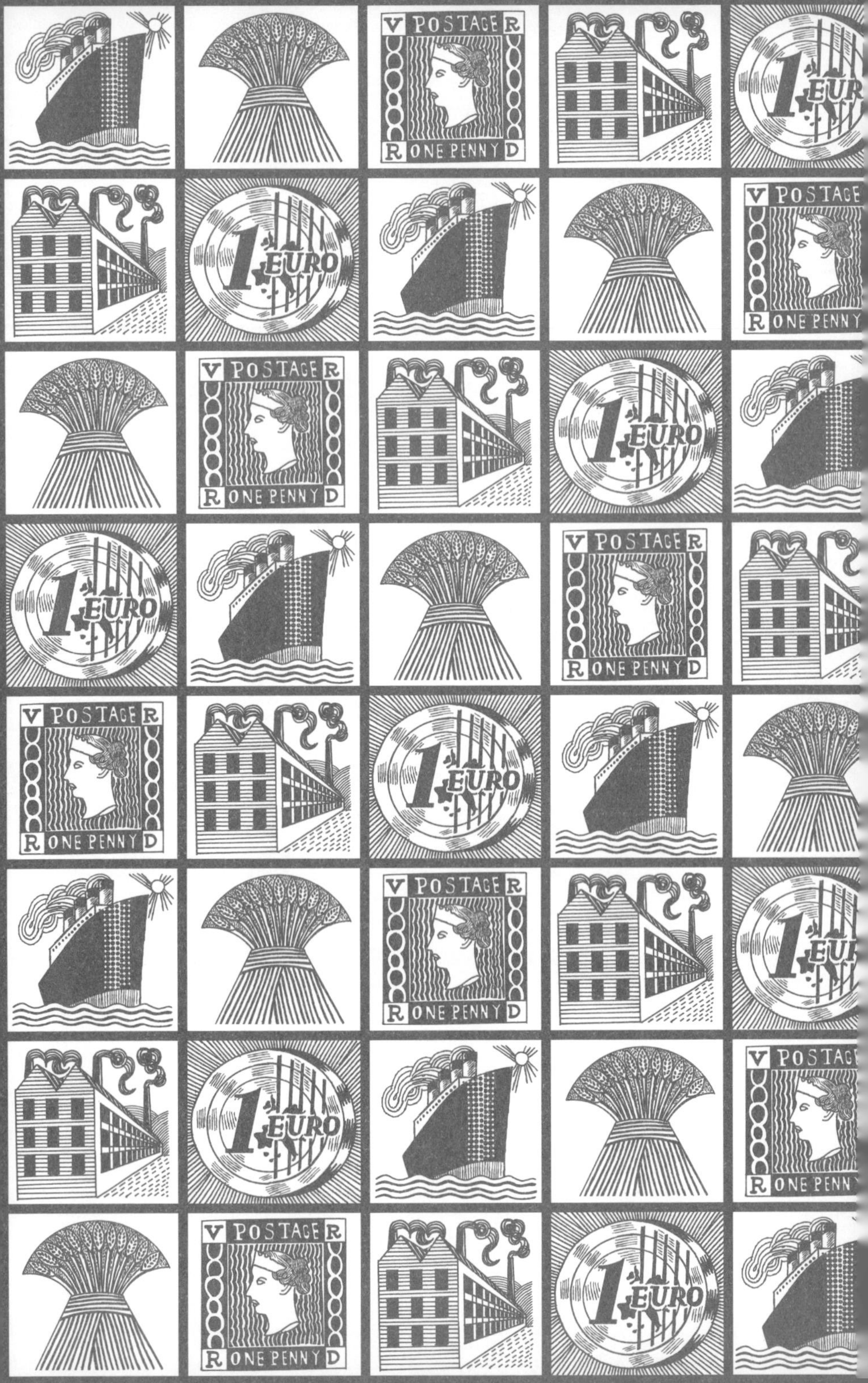
V POSTAGE R
R ONE PENNY D
1 EURO

第四章

帝国的兴衰

从君主复辟（1660年）
到今天的英国

1660—1834 年

帝国和工业

正如塞缪尔·佩皮斯（Samuel Pepys）在日记中记录的那样，所有人对国王查理二世复辟所表达的欢呼和喜悦都是"过去的想象"。街上到处都是烟花、篝火和跳舞的人群，当国王策马进入首都时，教堂的钟声响起，大炮轰鸣，随行是一大群身穿银质紧身上衣和天鹅绒外套的绅士，后面还跟着穿紫色制服的男仆与身穿镶有银色花边浅黄色制服的士兵。除了最顽固的共和党人外，不仅是保皇派，几乎所有人都欢迎君主制的回归，他们并不觉得失望。新国王急于安抚以前的敌人，同时也奖赏他的朋友。他们在法庭和政府中得到了公正的职位，《保释法案》（Act of Indemnity and Oblivion）的保护范围扩大到除了签署查理一世死刑令的人和其他极少数人外的所有人。

重新开放的剧院在威廉·威彻利、康格里夫和德莱顿的喜剧中拉开帷幕。国王本人在考文特花园（Covent Garden）创办了两家剧院，位于大约30年前建成的伊尼戈·琼斯广场和圣保罗教堂内。或是他个人出资或是通过他的朋友，国王成为伦敦最大的捐助人之一。他为切尔西皇家医院奠基，医院由克里斯托弗·雷恩设计，他的第一件作品"谢尔登剧场"（Sheldoian Theatre）新近在牛津完成。国王为葡萄牙妻子布拉甘萨王朝（Braganza）的凯瑟琳重新布置了圣詹姆斯宫对面的王后礼拜堂。他还扩建了皇家鸟舍，也就是现在的鸟笼步行街（Birdcage Walk）的所在地，并改善了宪法山

1660年复辟国王查理二世的加冕游行

(Constitution Hill),据说,宪法山得名于他在那里散步的习惯。他在格林威治建造了一座新的宫殿,由伊尼戈·琼斯的学生约翰·韦布(John Webb)设计,现在那里是皇家海军学院。在温莎,他聘请了建筑师休·韦重建国家公寓,那不勒斯安东尼奥·韦里奥精心绘制的天花板和格林林·吉本斯精心雕刻的檐口和窗框深受国王的赞赏。在巴黎和凡尔赛形成了一种富有活力而感性的风格,被称为"巴洛克风格"。在古代狩猎之后,他将称为"索霍"(Soho)的土地给予朋友圣奥尔本斯伯爵亨利·杰明,也将圣詹姆斯附近几英亩的土地一并给了他。圣詹姆斯是一个非常时尚的地段,这里开发了莫尔步行街(The Mall)、蓓尔美尔街(Pall Mall)、圣詹姆斯广场以及周围几个以国王家人或仆人命名的街道。

在圣詹姆斯开发区的西面,海德公园和格林公园被改造成皇家公园。法国国王很欣赏安德烈·勒·诺特雷的作品,委托他重新设计圣詹姆斯公园,在那里经常可以看到查理高大优雅的身影,他正带着他的狗和情妇漫步。勒·诺特雷还参与了格林尼治公园的设计,雷恩受邀为皇家天文学家约翰·弗拉姆斯蒂德(John

Flamsteed）爵士设计皇家天文台。

国王对科学事物的兴趣，促使专栏作家兼艺术大师约翰·伊夫琳（John Evelyn）建议，定期在格雷欣学院（Gresham College）开会讨论"自然科学的进步"的科学家和哲学家应该正式成立皇家学会。学会成员中，除了雷恩、伊夫琳和弗拉姆斯蒂德，还有古董商约翰·奥布里、物理学家和化学家罗伯特·玻意耳、人口统计学的创始人威廉·佩蒂爵士、哲学家约翰·洛克，还有最伟大的科学家艾萨克·牛顿。实际上，没有什么比国王授予学会皇家特许更能说明英国社会的转变，英国社会正以牺牲神学和宗教热情为代价来推崇科学和世俗政治哲学，同时，国王通过他的出席来表达对该学会宗旨的赞成。这种赞助并非没有受到谴责，1664—1665年的大瘟疫，一系列可怕的流行病，夺去了伦敦数千人的生命，不久之后，伦敦金融城被熊熊大火摧毁，有人声称，这些可怕的灾害是上帝对沉浸罪恶、全神贯注于"亵渎质疑"的人的愤怒惩罚。

大火为当局提供了一个机会，让他们有机会建造一座由约翰·伊夫琳提议的那种街道宽阔、广场巨大的意大利式城市。机会失去了，但在老城区的废墟中，确实出现了几座美丽的教堂、华丽的大厅和克里斯托弗·雷恩与他助手尼古拉斯·霍克斯穆尔设计的一些建筑，以及雷恩的杰作圣保罗大教堂。

这些教堂中的大多数礼拜现在都按照劳德大主教所喜欢的英国圣公会仪式进行，并伴有在圣詹姆斯宫皇家教堂里听到的音乐，年轻的亨利·普塞尔曾经是一个唱诗班歌手，很快被人们誉为英国从未出现过的最优秀的作曲家。

国王本人并不虔诚。有人看见他在礼拜堂布道时睡着了，或者深情地注视着某个放荡的情妇，或者至少有一次，他跪着接受圣餐，一边是三位主教，另一边是三个女人生的三个私生子。然而，国王在取笑不信奉国教者的同时，对宗教革命的拥护者约翰·弥尔

第四章 帝国的兴衰

伦敦大火

顿缺乏同情,弥尔顿后期的作品也是在这个时候写的,充满了绝望。国王对《天路历程》的作者约翰·班扬也几乎没有同情可言,班扬从监狱里开始,备受煎熬,因反对异见人士而拒绝接受新条例。国王强烈主张宽大对待天主教徒,在议会批准之前,他承诺利用王室特权来解除他们受到的限制。1672年,当议会拒绝批准时,他任意中止了所有的刑法。议会进行干预,通过了《宣誓法》(Test Act),除了要求公职人员必须接受圣公会圣餐外,还要求他们拒绝天主教的转世原则。

宗教分歧在查理二世逝世时达到了顶点。由于没有留下任何合法继承人,他的弟弟詹姆斯二世继承了王位,詹姆斯二世是一位公开的天主教徒。他是个热情、不知疲倦、精力充沛的通奸者,除了冥顽不化之外,他几乎没有其他恶习,但他的美德并不吸引人。他真诚而自以为是，是一个坚定的朋友，但也是一个"沉重的敌人"，勤奋却无趣，缺乏幽默感，他人生的主要目标是让英国皈依罗马天主教，并建立一个效仿路易十四的君主政体。在查理二世的私生子之一蒙茅斯（Monmouth）公爵领导的叛军被击败后，首席大法官乔治·杰弗里斯对幸存者进行了残酷的惩罚，这使国王决心实现自己的目标。他接纳天主教徒进入庞大的军队和大学。1687年，他发表的《宽容宣言》（*Declaration of Indulgence*）中止了针对天主教徒的刑法。第二年，7名主教违抗命令在所有圣公会教堂宣读这份宣言，尽管他们被起诉，却在一片欢腾中被无罪释放。王后诞下了一位王子，这加大了建立一个天主教王朝的危险，于是7名主要政治家向詹姆斯荷兰的外甥——奥朗日（Orange）的威廉发出了邀请。威廉是一位严肃、精明的新教徒，也是詹姆斯第一任妻子所生女儿玛丽的丈夫。

1688年11月15日，威廉在托贝（Torbay）登陆，向伦敦进军，詹姆斯的少数支持者抛弃了他，他本人也逃到了法国。光荣革命就这样在没有流血的情况下实现了。威廉和玛丽共同接受了《权利法案》，该法案排除了任何天主教徒的继承权，确认了议会至高无上的原则，保证了上议院和下议院的言论自由。威廉和玛丽接受这一法案后，在威斯敏斯特大教堂共同加冕，在被认为是天主教专制主义的失败中，君主立宪制的时代开始了，君主政体的权力受到议会的制约。导致这种权力转移的革命已经并将继续得到各种不同的解释。对于19世纪的历史学家麦考利勋爵（Lord Macaulay）来说，这是现代史上最重要的事件，确保了英国免遭其他欧洲国家爆发的革命。后来历史学家往往倾向于质疑其作为革命的资格，因为只是普通人的顺便参加，而且这次事件是不流血的，尽管它导致了苏格兰的流血事件，威廉三世的军队与雅各布派（以詹姆斯二世及其继承人的支持者著称）在那里作战。1690年7月，威廉在爱尔兰的博因河（Boyne）战役中击败了他们。然而，可以肯定的是，1688年之后，议会每年都要召开，而不仅仅是在国王需要帮助的时候。国王仍然拥有强大的权力，尤其是在政府部长的任命上，但权力之争已发生决定性的转变，胜利的天秤向议会倾斜。

多年来，英国人一直与荷兰人争执不休。1664年，英国人从荷兰人手中夺取了新阿姆斯特丹，并将其改名为纽约。竞争对手在贸易和殖民扩张方面，也成为英国商人的典范，为他们的英国银行体系和皇家交易所进行的金融业务提供模型，皇家交易所最近按照爱德华·贾曼的设计进行了重建，此前的建筑在大火中烧毁。

现在，荷兰人将成为英国人在西班牙王位继承战争中的盟友，这场欧洲战争由国王威廉三世大力推动，他决心挫败路易十四，试图让他的孙子登上西班牙王位。战争持续了13年，战争结束时威廉和玛丽都死了。玛丽的妹妹安妮成了女王。马尔伯勒公爵因为在欧洲大陆取得辉煌的胜利而获得了伍德斯托克皇家庄园的奖赏，霍华德城堡和锡顿德拉瓦尔（Seaton Delaval）大厅的建筑师约翰·范布勒就是在这里建造了布莱尼姆宫。为了支付战争的费用，国王向人们征收窗户税，这种税使得许多18世纪和19世纪早期房屋的墙壁上至今仍然可以看到被堵住的窗户。根据安妮女王去世那年（1714年）结束战争的《乌得勒支条约》(*Treaties of Utrecht*)，法国将自己在北美的大部分领土割让给英国，而英国人也垄断了西印度群岛上各种岛屿和南美的奴隶贸易，还与已经瓦解的西班牙帝国共同享有直布罗陀和梅诺卡（Minorca）岛。1707年，通过与苏格兰的《联合法案》(*Combination Acts*)，大不列颠从战争中崛起，一跃成为世界强国。她已成为一个贸易国家，拥有迅速扩大的

英国故事

窗户税驱使许多人把窗户堵住

资源和不断增长的出口市场，不仅是纺织品（长期以来英国的主要产品），还包括原材料和较新的制成品，从铸造厂到武器、工具和家庭用品的生产，工业产出飙升。商船从1702年的3300艘增加到1776年的9400艘，与殖民地的贸易创造了世界上最大的自由贸易区。那些在英格兰努力工作以供应这个市场的人工资很低，但物价也很低，直到18世纪60年代仍是如此。在本世纪中叶，城镇和农村的普通工人的生活都比开始时好，即使只是稍微好一点。

与此同时，英国从事农业的人口仍在迅速增长。1600年，英格兰和威尔士大约有400万人。到17世纪末，这一数字已增至约550万，到1780年增至约750万，到1800年增至近900万。1650年，伦敦的人口为37.5万，到1700年增加到57.5万，到1800年增加到近100万，当时伦敦不仅是英国最大的城镇，也是世界上最大的城镇之一。

1735年9月底，罗伯特·沃波尔爵士搬进了唐宁街10号授予他第一财政大臣头衔的官邸。他是一个身材高大、健壮、好脾气而又相当粗鲁的诺福克乡绅，没有完全丢弃他的乡音，尽管他一直在伊顿公学和剑桥大学国王学院学习。当时沃波尔成为不可或缺的内阁成员，事实上，他是第一个没有头衔的首相，这个头衔直到后来才被正式承认。他是辉格党成员，也就是说，他是寡头统治集团的成员，其权威基于他们在地方政府中的统治地位。辉格党曾利用自身影响力帮助德国新教教徒汉诺威选帝侯乔治一世在安妮女王去世后继承王位——安妮女王所生多个子女全部夭折，乔治是其远亲。辉格党人的对手是托利党，他们的名字最初是一个模糊晦涩被滥用的术语，其支持者经常把他们形容为教会党，因为他们受到了英国圣公会乡绅的热烈欢迎，并且与国王詹姆斯二世及其后代的支持者雅各布派取得了联系，所以为乔治一世所厌恶，他显然喜欢汉诺威甚于英格兰，从来不为学习英语而苦恼，并且只要在合理范围内，他都满足于让伯爵们管理政务。罗伯特·沃波尔爵士，一位精明的商人和政治家，在"南海泡沫"（一个在美洲西班牙殖民地主营奴隶贸易的股份制公司，遭遇了灾难性的失败）破裂之后，他迅速恢复了公众对政府的信心。

国王与所有人都十分满意法律与自由的和解，更愿意看到国家以汉诺威众议院的名义被治理，并且通过英国议会中辉格党人的支持，轻而易举地抑制了1715年詹姆斯二世党人的上升局势。1745年又发生了一次詹姆斯党人叛乱，尽管这一段时间内引起了恐慌，但当国王詹姆斯二世的孙子，"小王位觊觎者"美王子查理领导的军队，由苏格兰逃往英格兰之后，叛军很快因缺乏支持而失去了信心，调头回到德比，在不列颠岛上詹姆斯党人的最后一次挣扎，是在因弗内斯（Inverness）附近的卡洛登（Culloden）战役中，被国王的儿子坎伯兰公爵彻底击败。

当然，这些年来也有普遍的贫困和不满情绪。这是贺加斯《金酒街》（*Gin Lane*）的时代；是小说家亨利·菲尔丁警告人们的时代，他是弓街的治安官，曾说，如果人们继续以目前的速度喝酒，那么很快就会没有多少穷人能喝它了；是约翰·盖伊《乞丐歌剧》（*Beggar's Opera*）的时代；是疯子被锁在疯人院被嘲笑的时代；是囚犯在纽盖特挨饿的时代；还是用各种野蛮刑法对罪犯处以绞刑的时代。

但这也是汉德尔和卡纳莱托的时代；托马斯·庚斯博罗和乔舒亚·雷诺兹的时代；托马斯·格雷、奥利弗·哥尔德史密斯和巴斯的庆典大师（大众情人）理查德·纳什的时代，建筑师约翰·伍德和儿子为巴斯这座城市带来了新古典主义的杰作，比如马戏团

1735年，罗伯特·沃波尔爵士搬进唐宁街10号

和皇家新月楼（Royal Crescent）。事实上，现在"那个时代"不可避免地与"Georgian"（乔治王朝风格）这个词联系在一起——直到下个世纪初，这个词才具有现在的意义，它象征着一种优雅的建筑风格和装饰风格，深受古罗马和古希腊建筑的影响。在大学处于低潮的时代，大游学这种游学之旅是绅士教育的重要组成部分，会向富人介绍大量文艺复兴时期的辉煌建筑和像安德烈亚·帕拉第奥和温琴佐·斯卡莫齐等意大利大师的作品，他们的作品对英国品位的形成影响深远。罗伯特·沃波尔爵士亲自建造了诺福

克郡的庄园,霍顿大厅是宏伟的帕拉第奥风格;这之后,还有许多宏伟建筑是深受大游学中看到的意大利建筑的启发,其中包括科伦·坎贝尔的斯托黑德(Stourhead)庄园、百灵顿伯爵的奇西克庄园(Chiswick House)、伦敦以西的为托马斯·科克,即后来的莱斯特伯爵而建的霍尔汉姆宫(Holkham Hall),以及桑德森·米勒为第一任主人利特尔顿勋爵设计的哈格利大厅(Hagley Hall)。其他建筑都由出身更为卑微在印度发了财的人所修建,如克莱尔蒙特(Claremont)城是由"万能的布朗"朗斯洛特(Lancelot Brown)专为罗伯特·克莱武设计而成,她的景观改变了许多国家的公园建筑,还有塞津科特(Sezincote)庄园由塞缪尔·佩皮斯·科克雷尔设计,因其哥哥曾在东印度公司就职,所以才修建了这座具有印度风格的庄园。

大英帝国在印度和其他地方的势力,因对法七年战争的胜利而大大增强。1757年,罗伯特·克莱武在普拉西(Plassey)击败了亲法的孟加拉统治者西拉杰·乌德·达乌拉,确立了英国在孟加拉的优势地位。两年后,詹姆斯·沃尔夫在魁北克击败了法国人,赢得了加拿大。根据1763年的《巴黎条约》,英国成为世界上领先的殖民大国,在非洲、西印度群岛以及北美和亚洲都拥有殖民地。

罗伯特·沃波尔早已去世,他不适合在战时领导政府。这些胜利不仅归功于战场上的将军们,也要归功于英国首相查塔姆伯爵威廉·皮特,他具有杰出的政治家才干。乔治一世也去世了,他的儿子乔治二世继承了王位,乔治二世在生命的最后阶段,满足于把大部分政府事务交给大臣们处理,但这绝不是他孙子乔治

第四章 帝国的兴衰

1746 年 4 月 16 日,在查理王子的带领下,詹姆斯党人在卡洛登的战斗中被击败

三世的管理风格。乔治三世，一个诚实、善良的人，极有责任感，受他母亲和他的"最亲爱的朋友"兼首相、英俊且平凡的比特伯爵的误导，充分行使他所拥有的王室权力，特别是在挑选大臣和行使庇护权方面，有权操纵对不同职位的任命，尤其是对提交给议会相关议员职位的任命，国王借此可以操纵两院的投票。

乔治三世试图通过"国王的朋友们"而不是辉格党寡头政治和内阁来统治英国，辉格党控制的政府主要成员委员会很快让善意的国王陷入困境。他最恶毒、最有力的一位对手是蛊惑人心的约翰·威尔克斯，他是威廉·皮特见过的"最邪恶、最会讨人喜欢的家伙"。威尔克斯是一个挥霍无度的浪子，聪明绝顶，甚至迷倒了塞缪尔·约翰逊，他不仅是议会议员，还是《北不列颠人》(*North Briton*)的创始人。《北不列颠人》是一份尖刻、辛辣风格的报纸，政府曾试图查禁它。他被驱逐出议会后，三次被米德尔塞克斯那些目中无人的选民重新选上。1776年7月4日，美国起义军发表《独立宣言》，挑战乔治三世政府的权威，与此同时，威尔克斯与查尔斯·詹姆斯·福克斯和埃德蒙·伯克一起，已成为下议院中最明目张胆的政府政策反对者。

由于政府坚持要对殖民地征税，并强迫他们接受东印度公司剩余的进口茶叶，北美叛乱分子首先通过给皇室官员涂油和插羽毛以示抗议，然后，伪装成印第安人，将一箱箱茶叶扔进波士顿港。最后，他们用武力展示了抵抗皇家军队的决心。虽然大部分美国人在感情上仍然忠心耿耿，尽管国王的军队赢得了独立战争中的大部分战斗，但英国军队可以征服一个远隔重洋的大陆的观点，就像副将军所说"这是一个疯狂的想法"。1781年10月，华里（Cornwallis）勋爵在约克敦向乔治·华盛顿及其法国盟友投降后，美国的胜利得到了保证。

第四章 帝国的兴衰

一年之前,伦敦经历了英国历史上最严重的一场骚乱。当时,一场反天主教的示威游行表现出反对天主教徒的古老偏见,认为他们可能是背叛国家的外国宗教信徒,极易被政治家利用。犯罪团伙与充满怨恨的工人反对那些"削减工资的破坏罢工者"——信仰天主教的爱尔兰人。在这场骚乱中,至少有 700 人丧生,财产损失无法估量。塞缪尔·约翰逊对施拉尔(Thrale)夫人说:"这么恐怖的时刻,很幸运,这一切你都没有看到。"骚乱中因为治安官们似乎太害怕了,不敢履行职责,乔治三世甚至威胁要亲自枪毙他的警卫,当骚乱被镇压后,一个似曾相识的建议被提了出来,呼吁建立一支专业警察部队,并要求采取各种措施来镇压未来可能发生的工人阶级发动的各种忤逆的叛乱。几年后,当人们担心法国大革命

美国叛乱分子无视《茶叶法》,将一箱箱茶叶扔进波士顿港

英国故事

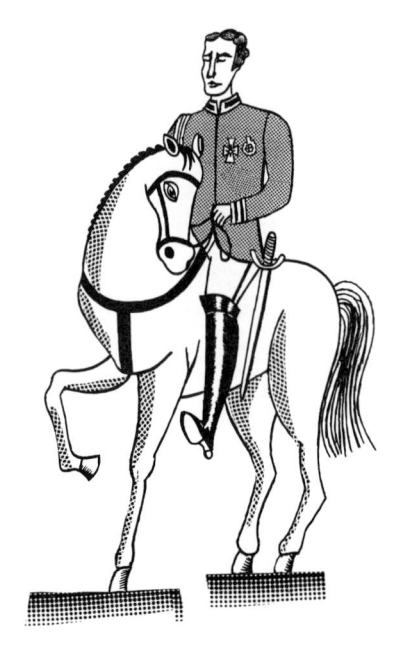

威灵顿公爵

的影响会扰乱英国的稳定时，这个建议又被重提。正是在这个时候，议会通过了《联合法案》，禁止为了增加工资或改善工作条件而由两个人或两个人以上组成工会。但是，对英国来说真正危险的是革命的继承者拿破仑·波拿巴，他从外部威胁着这个国家，而不是勒德派人士（Luddites）那样的英国工人阶级革命者，这些人要捣毁使人失业的机器。为使英国海军能够抵御法国军队的入侵，英国在南部和西海岸紧急修建了圆形石堡，被称为"马尔泰洛塔"（Martello Towers），名字源于英军曾在科西嘉岛攻占马尔泰拉圆堡。1805年，纳尔逊勋爵在特拉法尔加大获全胜，取得了对法国舰队的辉煌胜利。1815年，拿破仑在比利时滑铁卢惨败于威灵顿公爵和马歇尔·布吕歇尔元帅之手，在这之后，我们没有理由再害怕法国的入侵，而1821年，拿破仑被囚禁在圣赫勒拿岛上，他也不再是英国的威胁了。

乔治三世的大儿子常常会夸耀自己在滑铁卢率领骑兵冲锋陷阵时的英勇,以此戏弄威灵顿公爵。公爵抱怨道:"我一生中,从来没有听过这么多废话和蠢话,也没有在同一时间里听过这么多谎言。"这个富有想象力的骗子在1811年被任命为摄政王,当时他的父亲患有罕见的卟啉症,表现出精神错乱的症状。摄政王制度得名于摄政王,这是一种基于希腊而不是罗马,基于埃及和中国的新古典主义政治制度。事实上,这项制度可能是专门为自负高傲、不切实际的代理人乔治四世设计的,1820年,英王乔治三世去世,摄政王乔治四世成为国王。

威灵顿公爵经常发现难以捉摸的乔治四世"十分无赖",对此十分恼怒,公爵被迫得出这样的结论:他不仅是"恶魔般的有趣",而且是"一位最伟大的艺术赞助人"。事实上,在他那个时代,几乎没有一个著名的作家或艺术家不受到乔治四世的鼓励和支持。比如拜伦,尽管认为他自私、奢侈和懒散,但也不得不承认,国王这个"时尚社会的利维坦"在文学上有着无可挑剔的品位。他从不放过任何一个赞美沃尔特·司各特爵士作品的机会,并在"他的每一处住所"都收藏了一套简·奥斯汀的小说。他大手笔地赞助英国艺术家,买了约翰·康斯太勃尔的画作,让纳撒尼尔·丹斯爵士、科斯韦和雷诺兹为他画肖像,委托庚斯博罗、斯塔布斯、霍普纳、罗姆尼等几十个画家和雕塑家创作作品。托马斯·劳伦斯的委托作品,其优良的画像《拿破仑的敌人》现在挂在温莎城堡的滑铁卢室,还有卡诺瓦精妙雄浑的拿破仑本人的大理石雕像,由国王赠送给威灵顿,现在可以在威灵顿博物馆的阿普斯利馆(Apsley House)看到。乔治四世的其他藏品现在挂在国家美术馆里。国家美术馆位于特拉法尔加广场,它的建立很大程度上得益于国王的热情支持,它壮观的廊柱来自王子位于蓓尔美尔街的豪华住宅卡尔顿宫。

卡尔顿宫的其余部分在国王的有生之年全部拆除,卡尔顿府联排(Carlton House Terrace)就建造在它的花园里。与此同时,国王最喜爱的建筑师约翰·纳什受命建造一座更漂亮的宫殿来取代它。这座新的白金汉宫,直到国王死后很久才建成。乔治四世确实见证了纳什对摄政公园和摄政街大部分的绝妙设计,他对这些最感兴趣。他还见证了纳什华丽的布赖顿行宫(Brighton Pavilion)的完成,它取代了早期的希腊罗马风格的海滨别墅,并为他配备了宏伟的具有东方风格的异国情调装饰。正如利芬公主所说,它的成本"确实令人难以置信",然而,即便如此,与温莎城堡重建时的花费相比,温莎城堡的重建金额却显得微不足道。从1823年至1830年,温莎城堡无视议会的拨款,年复一年地在杰弗里·怀亚特维尔的指导下,大批工人辛勤工作,使这座城堡呈现出坚实而浪漫的宏伟外观,成为世界上一座最具特色的历史建筑之一。

乔治四世不仅关注艺术,在科学领域,他的资助也受到了热烈的欢迎。他是英国皇家学会的院长,并授予天文学家威廉·赫舍尔和化学家、安全灯的发明者汉弗莱·戴维"骑士"的称号。这些英国科学家是帮助英国成为世界工厂的重要力量,并在被称为工业革命的社会和经济变革中扮演了极其重要的角色。

1775年,当工业革命蓄势待发时,政治经济学家亚当·斯密被选为英国皇家学会的院士。大约在此10年前,在乔舒亚·雷诺兹的鼓动下,英国皇家学会成立,成立之初主要是一个文学机构,塞缪尔·约翰逊和奥利弗·哥尔德史密斯是较为知名的常客。但随着时间的流逝,它的成员开始发生微妙的变化,科学家、文学家、评论家和剧作家都被接纳进来,这些人过去都曾参加过会议。与此同时,英国也在改变。在乡下,人们开始把手工织布机留在农舍里,他们开始坐在作坊里的木制机器旁。城镇在缓慢扩张,风车

第四章　帝国的兴衰

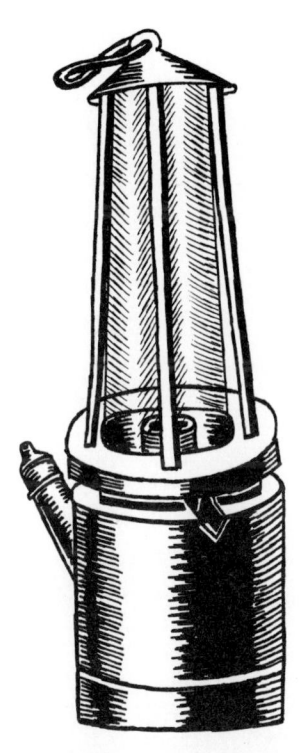

汉弗莱·戴维发明的安全灯

和水车正在消失，高大的烟囱向周围的田野喷出浓浓的黑烟。约翰逊博士去世后不到20年，威廉·布赖克就开始写"黑暗、邪恶的磨坊"，其中高高的砖墙就是穷人的监狱。到1827年布莱克夫世时，詹姆斯·哈格里夫斯已经发明了以妻子珍妮的名字命名的纺纱机；理查德·阿克赖特在德比郡的大工厂里安装了纺纱机；亨利·科特彻底革新了铁的生产；埃德蒙·卡特赖特发明了动力织布机；詹姆斯·瓦特的蒸汽机在惠特布莱德的啤酒厂里磨麦芽；理查德·特雷维希克的蒸汽马车在雷德（Whitbread）和帕丁顿（Paddington）之间行驶；乔治·斯蒂芬森正在试验火车机车，这个机车最后被命名为"火箭"，能够以每小时30英里的速度行驶。

由布里奇沃特公爵开创，在沃斯利和曼彻斯特的煤矿之间的水道于1761年开通，运河由全国各地被称为"领航员"或"挖土工"的军队挖掘，他们形成一个陆地水道网络，从大联盟运河、大联结运河一直到埃尔斯米尔和曼彻斯特的船舶运河。其交界处的埃尔斯米尔港是轮船博物馆，一些用来运送货物的船只都被保存了下来。在那个世纪以前，英国没有一个大城市不在运河上，或者离运河超过15英里的地方。例如，伍斯特郡的斯陶尔波特（Stourport）是一座拥有约4500名居民的小镇，拥有钢铁厂、地毯编织厂和制革厂，由于其依托斯陶尔、塞文、斯塔福德郡和伍斯特运河交汇处的独特位置而得到开发。

公路运输也在发生变化，1756年出生在苏格兰的地方法官兼公路托管人约翰·麦克亚当引进了新的排水和铺路方法。到19世纪30年代，向高速公路收费的信托公司，已经超过900家，沿途的站点和酒吧以及收费站改善了数千英里的公路状况，例如在牛津福利桥的收费站，如今还能看见。数百座桥梁已经建成，其中最引人注目的是世界上第一座由钢铁大师亚伯拉罕·达比于1779年建造的铁桥，横跨了什罗普郡的塞文河，被称为大铁桥，一些博物馆生动地再现了该地区的工业历程。梅奈吊桥（Menai Suspension Bridge）由苏格兰工程师托马斯·特尔福德于1825年建造，这是1829年至1831年由英国设计师伊桑巴德·金德姆·布鲁内尔规划的克利夫顿悬索桥的前身。布鲁内尔还设计了第一艘螺旋推进的远洋轮船"大英帝国号"，现在还停泊在布里斯托尔的码头。

许多走过这些新桥的人对新兴城镇的贫民窟和工厂里的悲惨生活一无所知。可以肯定的是，有些工厂的工作条件被认为是典范。例如，在被称为"黑色乡村"的米德兰的阴郁地区，位于朗顿（Longton）的格拉德斯通陶器博物馆修复的瓶窑为人们提供了一幅曾经那里工作时的生动场景，乔赛亚·韦奇伍德的员工住在主人特别为他们建造的伊特鲁里亚（Etruria）村。在伯明翰，人口从18世纪初的12000人增长到1800年的45000人，一位美国游客参观了该镇的一家工厂，发现那里的数百名雇员中"没有一点不开心的迹象"。然而，在其他地方，工厂、矿山和血汗工厂的条件都十分恶劣，儿童和妇女一样会被浸入冰冷的水缸里，使他们在漫长的劳动时间里保持清醒。

在19世纪早期，英国发生过反对《谷物法》（Corn Laws）的抗议和骚乱，《谷物法》是1815年议会通过的，它是以征收高额进口粮食关税来保护英国农业，维持租金水平的法案；还有反对强加给机器破坏者野蛮惩罚的示威活动，这次示威被当局担心了一段时间，害怕会引发一场民族革命。1819年，在曼彻斯特的圣彼得广场，许多陷入困境的织布工组织了一次集会，支持议会改革，结果被骑兵冲击，导致11人死亡，数百人受伤，被称为"彼得卢大屠杀"，讽刺地指代滑铁卢战役。1820年，一群激进分子聚集在凯托街（Cato Street）的一间马厩阁楼里，密谋在吃饭时谋杀整个内阁成员，并把内政部长和外交部长的头装进袋子里带走。由于被当局出卖，五名头目被处以绞刑。由于公众的同情，他们得以免除被拉去分尸，但即便如此，被绞者尸体还是在大街上被破坏，几乎被阉割。10年后，在反对低工资和农业机械的抗议活动中，英国各地发生了严重的骚乱，一群脸被涂黑的男人，有时穿着女人的衣服，经常挥舞着旗帜，吹着号角，砍倒篱笆，毁坏机器，烧毁麦垛和谷仓。拒绝参加暴乱的人被扔进村里的池塘里。义勇骑兵队召集起来镇压暴乱，但遭到锄头和斧子的袭击。当起义最终得到控制时，几名暴徒被绞死，600多人被送进监狱，500人被判流放，几乎全部被送往殖民地澳大利亚。不久之后，1834年，在托尔普德尔（Tolpuddle）的多塞特村，6名曾向同事宣誓的农场工人被逮捕，并被指控为"煽动"实施"非法"宣誓。尽管工会早在10年前就已合法化，但托尔普德尔的这些人是根据18世纪的《穆蒂尼法案》(*Mutiny Act*)被传讯，结局是他们就如同那些焚烧秸秆的暴徒一样，也被判处流放。

然而，这些惩罚所引起的愤怒抗议是不能忽视的，很明显，一个后来被称为改革的新时代已经开始。

第四章 帝国的兴衰

1819 年在曼彻斯特的"彼得卢大屠杀"中，数名示威者被骑兵杀害

1830—1900 年

改革的时代

萨克雷笔下的一个角色惊呼道:"只是昨天,但从现在到那时,这是多么大的鸿沟啊。然后是旧世界。马车、或多或少的快马、驮马、拦路强盗……但你们的铁路开启了一个新纪元……我们这些生活在铁路时代以前,走出远古世界并且幸存下来的人,就像祖先诺亚和他的家人走出方舟一样。"

当然,自从1825年第一条公共铁路——斯托克顿—达灵顿铁路开通以来,整个英国生活的基调和风景都发生了变化。到1852年,只有几个集镇和沿海度假胜地,没有火车站,而20年后,所有这些地方都有了火车站。到1875年时,一年有近5亿乘客被运送到伦敦,除了布莱克弗里亚斯(Blackfriars,1886年)和马里波恩(Marylebone,1899年),伦敦的主要终点站都已建成。有些人对铁路带来的变化感到震惊。威灵顿公爵于1852年去世,他曾抱怨道:"人们从来没有这么愚蠢过,竟然允许破坏我们优良、宽敞的邮政道路,甚至花费数百万英镑修建这些铁路……这是最粗俗、最不文雅、最有害健康的交通方式。"然而,相比于世界其他地方,这样做既有好处,也有遗憾。铁路帮助新城镇发展,随着城镇扩大,居民也能享受到更多的新鲜食物。伦敦—伯明翰线的起始站尤斯顿的赞助商骄傲地指出,这个站点建在曾经全是牛栅、牛舍的拥挤地带,附近的家庭只能喝到被污染和掺了水的牛奶,但是现在他们可以喝到从乡下运来的新鲜牛奶。此外,由于人们有可能走出以前很少能够逃离的封闭社区，他们抛弃了曾经对外部世界的怀疑，了解到他们的同胞跟自己一样，改革者鼓励人们都要思考，社会正义成为整个国家关注的问题。

威廉·科贝特就是其中的一位改革者，他于1835年去世。科贝特是一位农民的儿子，曾任中士，他的《骑马乡行记》（*Rural Rides*）生动地展现了19世纪早期的英国，是很有影响力的小资产阶级激进派代表人物之一。与他同时代的杰里米·边沁，是议会改革的主要倡导者，始终坚持自己的信念，认为立法必须旨在实现"大多数人的最大程度的幸福"。还有威尔士的社会改革家罗伯特·欧文，他对新拉纳克（New Lanark）纺织厂的共情式管理方式使得其他业主将更为开明的方法引入自己的行业，他全力支持1819年的《工厂法》（*Factory Act*），该法案为工业中受雇的儿童提供了一项保护措施。此后，改革的步伐开始不断地加快。自1822年担任内政大臣以来，罗伯特·皮尔采取了一系列措施，以减轻刑法的严酷程度。直到1819年，刑法仍认可达到223项过错可以判处死刑，1829年，他注意到《都市警察提案》（*Metropolitan Police Bill*）提议建立首都第一支专业警察部队，这项提案没有遭到强烈反对，在两院都获得通过，为在英格兰所有郡设立有偿警察制度铺平了道路。1829年，《天主教解放法案》（*Roman Catholic Emancipation Act*）最终授予天主教徒完全的公民权利和政治权利。在1830年的大选中，格雷勋爵领导的辉格党在半个多世纪的失势后重新掌权，并将注意力转向议会改革问题。

尽管保守党一向反对这项措施，但长期以来人们普遍认为，议会改革已经姗姗来迟。每100个人中只有1个人有投票权，而且，

罗伯特·皮尔爵士提议建立首都第一支专业警察部队

尽管像曼彻斯特这样的几个大城市，到 1801 年，其人口与索尔福德（Salford）的人口加起来已经增加到 8.4 万人，在议会中根本没有代表，但有几个小得多的地方却有两名代表。也有许多所谓的"烂区"或"袖珍区"，比如萨顿（Satton），不过是一个公园，而邓尼奇（Dunwich），几个世纪以来一直被淹没在北海之下。这些议员席位大多掌握在地主手中，他们根据自己的喜好提名成员。例如，格洛斯特富裕且机智的议员乔治·塞尔温就拥有威尔特郡的口袋选区卢格沙尔（Luggershall）。当代表因弗内斯郡竞选的西蒙·弗雷泽将军似乎可能被他的对手乔治·戈登勋爵击败时，乔治·塞尔温同意把这个郡卖给西蒙·弗雷泽将军。弗雷泽征询了父亲洛瓦特勋爵的意见，洛瓦特勋爵又与乔治勋爵的哥哥戈登公爵进行了交谈。他们两人决定，买下塞尔温的席位要比贿赂因弗内斯郡的所有选举人便宜。于是卢格沙尔就被买下来送给了乔治·戈登勋爵。戈登勋爵同意从因弗内斯郡撤退,以便给西蒙·弗雷泽留下一席之地。没有人认为这笔交易有什么不同寻常之处。

正是为了避免被废除的"烂区"发生这样的交易,格雷勋爵的政府在1831年提出了一项温和的改革法案。该法案废除了腐败市镇的席位,为新城镇提供席位,并赋予某些额外的财产拥有者以投票权。负责起草该法案的政府成员是贝德福德第六代公爵的儿子约翰·罗素勋爵,他是一个聪明而有说服力的小人物,他心系政治与教育改革。尽管罗素在下议院发表了有说服力的演讲,但该法案还是失败了。因此,格雷辞职并向全国呼吁,辉格党再次以绝对的多票数当选,该法案经过了一些修改,再次提交给下议院,最终得以通过。然而,政府仍然无法使上议院通过该法案,直到格雷勋爵去见了国王,乔治四世的弟弟威廉四世,问题才得以解决。格雷建议国王应创造足够数量的新议员,以确保条例草案获得通过。国王自然不愿意这样做,因为这样做会威胁到上议院的整体结构,但最终保守党的屈服使他避免陷入两难境地。他们的领导人威灵顿公爵建议接受该法案,该法案最终在1832年5月成为法律。

第二年实施了一系列的改革。其中许多建议都是由沙夫茨伯里第七代伯爵提出的。这位不知疲倦的慈善家为了纪念阿尔弗雷德·吉尔伯特,在皮卡迪利广场(Piccadilly Circus)竖立了一座名为厄洛斯(Eros)的雕像,沙夫茨伯里大道就是以他的名字命名的。沙夫茨伯里关心各种各样的问题,从疯子的困境到在工厂和矿山雇用妇女和儿童的法律,从扫烟囱男孩的待遇到穷人的教育和消除贫民窟问题。事实上,正是由于沙夫茨伯里的努力,社会上一些最严重的虐待行为才引起了普遍自满的中产阶级的注意。

正当沙夫茨伯里关心英国穷人的困境时,其他改革家却在努力废除奴隶制,完成富商之子、皮特的密友威廉·威尔伯福斯1807

年就在进行的工作。他们的努力在 1833 年取得了成功,在那一年,沙夫茨伯里的《工厂法》规定,雇佣 13 岁以下儿童每周工作 48 小时以上为非法,整个大英帝国废除了奴隶制。

正如格雷勋爵及其继任者墨尔本和皮尔政府所取得的成就一样,激进分子有理由抱怨进展不够快,一些创新是有害的。人们承认,1842 年的《矿山和煤矿法》(The Mines and Collieries Act) 在处理煤矿对妇女和儿童的剥削问题方面取得了一些进展,它禁止秘密雇佣妇女和 10 岁以下的男孩。但是,1834 年的《济贫法修正案》(Poor Law Amendment Act) 对改善贫困人口的苦难几乎没有起到什么作用。在该法案通过之前,穷人救济是由斯宾汉姆兰制度(Speenhamland System)管理的,该制度最初是由伯克郡的法官们设计的。用这种方法,极低的工资可从教区税率中得到补充,而教区税率制度非但不能消除贫困,反而鼓励雇主将工资保持在低水平。然而,废除该制度的《济贫法》不是向穷人提供救济,给他们足够的钱在自己的家里生存,而是迫使他们进入济贫院的工房谋生计,工房的工作绝非一个令人愉悦的选择,因为那里的条件总是那么恶劣,大多数穷人都极尽所能避免进入那里工作。查尔斯·狄更斯将济贫院的伙食描述为"一日三餐都喝稀饭,一周两次吃洋葱,周日有半个面包",尽管他并不想说得那么准确,但这与事实相差无几。在《雾都孤儿》中,穷孩子们分到一碗汤和一小块面包,这是一顿最寻常的饭,而制度规定,9 岁以下儿童可以"随意"控制饮食。

人们普遍对新的《济贫法》和《改革法案》(Reform Act) 感到不满。尽管《改革法案》受到中产阶级的欢迎,但对激进分子和

查尔斯·狄更斯

激进的工人阶级来说,它却令人深感失望。有人也对发展工会主义的失败尝试表示不满,这种普遍的不满导致了整个 19 世纪 30 年代持续不断的动乱,并帮助提升了对政治改革,即宪章运动的支持率。

"宪章运动"的名字来自 1838 年一群激进分子起草的《人民宪章》(People's Charter)。该宪章规定:实行男子普选权;实行无记名投票;各选区平等;每年举行一次议会选举;取消议员的财产资格限制的提名资格;议员领取薪金。在全国各地日夜举行的会议上,人们大声表示支持这六项要求。一次在哈利法克斯(Halifax)的集会吸引了 20 万民众。一位宪章起草者在谈到这些集会时写道,"几乎无法想象由此引发的兴奋""成千上万的劳动人民聚集在一起，宣誓为共同的事业献身。游行队伍总是望不到头……而会议本身就更棒了"。1839年，发生了大罢工，同年晚些时候，7000名男子，主要是矿工和钢铁工人，在蒙茅斯郡（Monmouthshire）纽波特（Newport）的街道上游行，要求释放当地监狱的一名宪章演说家，士兵向他们开枪，造成至少22人死亡。

此外，针对《谷物法》的新一轮抗议也引发了骚乱，一系列歉收加剧了该法的影响。1839年，一个反《谷物法》联盟成立，谴责法律以牺牲工人利益为代价，使土地所有者受益。演讲者们提出了联盟的观点，并为联盟的宣传筹集资金，他们跟随萨塞克斯郡农民的儿子理查德·科布登和兰开夏郡贵格会（Quaker）磨坊主的儿子约翰·布赖特的脚步走遍了全国，用科布登的话说，就是"住在公共集会上"。在一位保守党地主看来——他表达了一种普遍的观点，认为这个联盟是"有史以来折磨英国或任何其他国家的最狡猾、最无耻、最无赖、最令人发指的一群人"。但也是保守党首相罗伯特·皮尔，在英格兰收成不佳和爱尔兰马铃薯歉收后，于1846年被说服废除了《谷物法》。可惜，这个决定来得太迟了。在以土豆为主食的爱尔兰，大约有100万人死于饥饿或疾病，另有100万人移民，其中许多人移居美国，在那里他们和大多数的爱尔兰人一样对英国怀有仇恨。这一决定导致保守党内部产生了分歧。尽管通过议会废除此法案，但皮尔仍旧被迫辞职，他的许多追随者加入了辉格党——发展中的自由党很快将由威廉·尤尔特·格拉德斯通式的伟岸人物所领导——而托利党，或者现在更普遍地叫作保守党，重新被组合在本杰明·迪斯雷利的政府里。迪斯雷利是一个有意大利和西班牙血统的基督教化的犹太人，曾经用一系列精彩演讲来驳斥政府废除《谷物法》的提议。他对皮尔如此轻蔑，以至于他的受害者皮尔，一个害羞、笨拙的人，举止冷漠，对嘲

第四章 帝国的兴衰

不受欢迎的《谷物法》有利于农村的土地所有者

笑过于敏感，人们不止一次地发现他的脸色显然变了，通过大声笑和打趣的话为幌子，或是拉低帽檐遮住眼睛，以掩饰他那紧张、抽搐的脸。

1846年，皮尔辞职后，自由党议员约翰·罗素成为英国首相。正是他的政府处理了宪章运动者提出的持续不断的问题，这些宪章运动者计划在伦敦组织一场大规模的示威游行并向议会提交一份请愿书，请愿书中的签名甚至超过了1842年早期的请愿书中的300万个签名。游行计划在1848年举行，这一年是欧洲大陆发生革命的一年，法国国王被迫退位，奥地利帝国和德国一片哗然。宪章派领导人希望英国也能爆发革命。王室成员被建议离开伦敦，前往怀特岛奥斯本（Osborne）的家中避难。白金汉宫外的灯已经被砸碎，人们高喊着"法兰西万岁"！好斗的帕默斯顿勋爵是约翰·罗素勋爵政府的高级成员，他的政治立场十分坚定。大批警察被派往伦敦，共招募 15 万名特别警员，约曼军团也被征召入伍。爱尔兰演说家兼记者费格斯·奥康纳是宪章运动的领军人物，他敦促人群散去。另一位宪章派领袖则沮丧地承认，事实证明政府对工人们来说过于强大。此后，宪章运动逐渐衰落。维多利亚女王在动身去奥斯本之前，颤抖着哭诉道，麻烦已经过去了，工人们被专业的鼓动者和"伦敦的罪犯和渣滓"所误导，但他们依然忠心耿耿，这使她深感宽慰。

维多利亚女王于 1837 年继承了叔叔威廉四世的王位，时年 29 岁，是 6 个孩子的母亲，也是萨克森－科堡和哥达（Gotha）的艾伯特亲王幸福的妻子。尽管她的第一任首相墨尔本勋爵对她的权力和职责进行了良好的界定，但女王并不满足于仅仅当一个有名无实的首脑，她对政府进程的干涉比大臣们所认为的或宪法所允许的要坚决得多。她是一个感情丰富、自私傲慢的女人，难于相处，苛刻计较，反复无常。虽然天生腼腆，但是她专横跋扈，她表示，她一生中所参加的正式活动都异乎寻常的辛苦，因为这些活动不仅使她感到厌烦，而且令她紧张。她常常不得不克制自己，不要笑出声来。不过，在牧师面前，她没有什么理由不自信，因为她自己有多种才能。她的智力有限，但记忆力惊人地好。她工作努力，见多识广，精明能干。然而，她对自己的判断从未犹豫，也从未怀疑。因为她既不会说谎，也不会掩饰，故而不懂得自己有多少应该受谴责的地方。一件事是对还是错，一个人是好是坏，一旦有了判断，她就对自己的决定充满了信心。她以一种本能而又令人敬畏的卓越气质扮演女王和王后的角色。

君主过去有，现在也完全有针对宪法提出一切建议的权利，然而，维多利亚女王经常超越宪法规定的权限，在不通知内阁的情况下，就政治事务私自写信给她的皇室亲属，背着现任首相与前首相一起威胁政府，如果推行她不同意的政策，他们将一起退位。有时

第四章　帝国的兴衰

维多利亚、艾伯特与他们的孩子

她会积极支持和鼓励反对派，并对任何批评性的暗示给予愤怒回应。虽然艾伯特亲王因帮助引导女王建立新的英国君主制传统，将王位置于政党之上而备受赞誉，但他也倾向于他的顾问所鼓励的那种轻视宪法的危险观点，他的顾问史托克马公爵认为，君主是"永久总理"，而首相只是"内阁的临时首脑"。

虽然艾伯特亲王在全国各地都不太受欢迎，但他却受到了女王的大臣们的普遍尊敬。在他早逝后，女王悲痛欲绝，人们认为应该在肯辛顿花园修建一个艾伯特纪念馆来纪念他。那里被树立了一座昂贵的纪念碑，碑上的亲王雕像见证了1851年万国工业博览会的召开，他曾经为组织此博览会付出了许多的心血。

来自世界各地的10万多件展品在一座由约瑟夫·帕克斯顿专门设计的水晶宫里举行了盛大的展览。这座水晶宫是模仿他为德文郡公爵在德比郡查茨沃思（Chatsworth）修建的一座玻璃花房而建造的。水晶宫后来被搬到锡德纳姆（Sydenham），在那里它成为帝国战争博物馆的第一所建筑。其新址是兰贝斯的老贝斯勒姆皇家医院（Bethlem Royal Hospital）的一部分，现在包含着1936年被烧毁的原始宫殿的模型。1851年举行的博览会取得了显著成功，吸引了600多万游客，并从中赚取了丰厚利润，在议会投票的资金帮助下，为肯辛顿展览路、皇后门和克伦威尔路的改造支付了大部分费用，这些都是修建不久后，艾伯特亲王自己选取的名字。此外，19世纪50年代，在英国万国工业博览会委员会购买的土地上还修建了艾伯特音乐厅、维多利亚和艾伯特博物馆、自然历史博物馆、科学博物馆和地质博物馆。

与此同时，牛津大学博物馆也建成了。在约翰·罗斯金的大力鼓动下，这座博物馆以哥特式风格建造。罗斯金的《威尼斯的石头》（Stones of Venice）于1851年至1853年出版，国会大厦在1834年大火后重建时，也选择了哥特式风格。此后，哥特式建筑

第四章　帝国的兴衰

1851年在水晶宫举办了盛大的展览

成为全国许多教堂、乡村住宅和大学建筑的首选，从位于斯特兰（Strand）大街、由乔治·埃德蒙·斯特里特设计的皇家法院和威廉·巴特菲尔德设计的牛津大学基布尔学院（Keble College），到艾尔弗雷德·沃特豪斯设计的曼彻斯特市政厅，还有位于圣潘克拉斯车站（St Pancras Station），乔治·吉尔伯特·斯科特设计的米德兰酒店，无一例外。

1831年，林肯郡庞大的哥特式的哈拉克斯顿庄园（Harlaxton Manor）开始由安东尼·萨文及其主人格雷戈里·格雷戈里设计，

1834年重建的哥特式风格的议会大厦

但他们对此风格却鲜有热情。哥特式议会大厦的建筑师查尔斯·巴里更愿意提交一份文艺复兴时期的设计；19世纪60年代，当沿着白厅修建新的政府办公室时，帕默斯顿勋爵坚持要用意大利风格的办公室，而不是乔治·吉尔伯特·斯科特爵士最初提议的哥特式风格，他得到了强烈的支持。但当罗斯金于1884年辞去牛津大学美术教授的职位，隐居到布兰特伍德（Brantwood）时，他已经成功地改变了整整一代人对建筑的态度。尽管他的一些言论具有骇人的偏见，但他最终还是说服了大多数同胞，他是如此热情地支持哥特式风格——在北约克郡的阿勒顿公园（Allerton Park）得到充分运用——这是一种比其他任何类型都更为适合来反映英国过去辉煌的建筑风格。罗斯金为一开始被评论家嘲笑的J.M.W.透纳辩护，也让公众认识到这位19世纪最具独创性的风景画家的天赋；通过拥护霍尔曼·亨特、米莱斯、罗塞蒂和其他拉斐尔前派画家，他推动了一场对当时传统学院派绘画的反抗运动。

作为一名社会改革家、作家和艺术家，罗斯金还关心国民教育、劳工组织、培训学校的建立、养老金以及为工人阶级建造体面住房等问题。此外，他支持威廉·莫里斯倡导的工业实验，他的手工艺品和室内装饰的景观正在改变英国人的品位，如他位于肯特郡的贝克斯利希斯（Bexleyheath）的红房子、牛津郡的哈默史密斯（Hammersmith）和凯尔姆斯科特（Kelmscott）房子内的装饰和家具。

罗斯金的许多改革思想在他的时代遭到嘲笑，并被历届政府断然摒弃。当阿伯丁勋爵的保守党政府揭露帕默斯顿勋爵在1854到1856年克里米亚对俄罗斯战争期间的无能时，他被推到权力的风口浪尖，他大部分的时间都在办公室处理外交事务：例如1857年对印度本土士兵兵变的镇压事件，意大利统一斗争中出现的问题，以及在中国鸦片贸易引发的战争等。一个议会委员会认为，"由于鸦片贸易带来了非常重要的收入，放弃鸦片贸易是不明智的"。女王是如此自豪，英国拥有如此多的海外财产，教室墙壁的地图上标记了覆盖数千平方英里的粉红色记号，毕竟，这些地方也被广泛认为是为英国商人、制造商提供利益的市场和为大英帝国输出原材料的产地。自从丧失美国殖民地之后，人们形成了一种新的观念，认为帝国不仅是通过贸易致富的手段，而且更是一个涉及责任和权利的各国人民的政治组织。

然而，从1867年开始，在第二年首次成为保守党首相的迪斯雷利在推动第二项《改革法案》方面发挥了重要作用，到1894年他的对手格拉德斯通以84岁的高龄退休时，选民人数增加了一倍。改革步伐的灵感大都来源于J.S.米尔的著作，与沙夫茨伯里首相时代相当。1870年《教育法》（*Education Act*）引入了普及初等教育；1871年《工会法》（*Trade Union Act*）赋予工会合法地位，后来的《工会法》赋予工会和平示威的权利；1872年《选票法》(*Ballot Act*)决定将保密投票，结束了贿赂和恐吓行为。1868年至1874年，爱德华·卡德韦尔作为陆军大臣，对军队进行了拖延已久的改革；埃德温·查德威克爵士在公共卫生方面也倡导革新；弗洛伦斯·南丁格尔曾在普鲁士和法国接受过医院管理方面的训练，她曾到克里米亚那些糟糕透顶的医院去护理病人和伤员，督促医学部进行改革。另外，土地所有制、贫困救济与大学章程和囚犯待遇方面也进行了相应的改革。

由于战争的爆发和现在庞大的大英帝国不稳定的发展事态，公众的注意力不时地从这种不稳定的进步中分神。1876年，印度边境爆发了断断续续的战争，女王兼任印度女皇。英国居民在喀布尔被暗杀后，阿富汗发生了战争。在埃及也有麻烦，埃及政府濒临破产，凯迪·迪斯雷利代表政府购买了埃及政府所持的苏伊士运河的控股权，并将股份呈交给女王，仿佛这是个人的礼物，并写道，"夫人，现在整个埃及总督的利益都是您的"。苏丹发生了动乱，戈登将军在试图从喀土穆撤出埃及军队时丧生，基奇纳在恩图曼的胜利，最终确立了英国的权威。在祖鲁兰，一支英国军队在伊珊德瓦纳（Isandhlwana）被摧毁。在南非，和平只是在荷兰殖民者布尔人遭受更大耻辱的失败之后才到来的，罗伯茨将军对此进行了报复。和往常一样，爱尔兰也有麻烦。

到19世纪80年代，格拉德斯通得出的结论是，必须满足查尔斯·斯图亚特·帕纳尔和一些爱尔兰议员提出的爱尔兰自治的要求，也就是说，成立一个负责该岛内政的爱尔兰议会。女王吓坏了，写信给威尔士亲王，表达了她对"可怕的激进政府以及他们向国内统治者妥协方式"的不满，"……（他们）完全无视我所有的意见，而这些我执政45年以来的经验应该被纳入考虑"。她从来不喜欢也不信任爱尔兰人，格拉德斯通建议她应该像在她深爱的苏格

弗洛伦斯·南丁格尔

兰家庭巴尔莫勒尔（Balmoral）一样，在那里多待些时间，这是一个荒谬的想法，正如人们想要让一个"难以理解的狂野……疯狂的煽动者"冷静下来一样。如果迪斯雷利还活着，一切都会不一样。但迪斯雷利死于1881年，现在被安葬在他休恩登（Hughenden）乡间别墅附近的村庄墓地里。

如果迪斯雷利和他的政党愿意的话，他可能会说服女王以较少的敌意看待自治。由于他的逢迎手腕和谄媚奉承，给人留下需要征求她的意见、听取她精明头脑的见解的印象，他有时试图改变这种印象。他认识到自己经常用甜言蜜语来"夸大事实"。但是，正如他对马修·阿诺德所说："你听说过我被称为马屁精，这是真的。每个人都喜欢奉承。当你来到皇室，你应该知道伴君如伴虎。"所以他从来没有低估过女王的机敏,而且他真心喜欢她——尽管他拒绝在临死之前见到女王,理由是她只是通过他传话给艾伯特——并对她彬彬有礼,就像对待所有他喜欢的女人那样。格拉德斯通是一个极其正直的人,他讨厌掩饰自己,无法虚伪地对待女王。他跟她说话的态度,用女王的话说,在一个公开会议上,他完全摒弃了妻子的劝告——他妻子明智地对他说:"亲爱的,对女王说点好听的吧,相信你这一次能行。"但格拉德斯通的本性却不是这样。他有着非凡的政治和行政才能,也是一位杰出而有力的演说家。他生性高贵,有时也有伪善的一面。自由主义政治家、记者亨利·拉布歇雷在一篇生动的评论中谈到格拉德斯通时说,他并不反对"格拉德斯通总是有王牌在手,但他只是假装上帝把它放在那里"。正是格拉德斯通性格的这一面让女王反感,当他提出的《地方自治法案》(*Home Rule Bill*)被党内保守派和持不同政见者联合攻击时,女王接受了他的辞呈,并让索尔兹伯里侯爵作为他在保守党的继任者,毫不掩饰对其的不满意。1898年格拉德斯通去世时,她拒绝表达任何悲痛。"不,我不喜欢这个人。"她以特有的诚实口吻说道,"当我又没做错的时候,怎么能说对不起呢?"她让自己的长子向逝者亲人表达哀悼,他在葬礼上吻了格拉德斯通夫人的手,扮演了送葬人的角色,这使女王很不高兴。三年后,女王也死了,同时也带走了以她名字命名的时代。

"维多利亚式"这个词早在1875年就已经使用了,当时维多利亚还有25年多的寿命。人们认为该词意味着对努力工作、勤俭节约、恪守道德和家庭美满的尊重。在一本词典中,它被定义为"表现出维多利亚时代人们普遍认同的价值观,尤其是谨慎、偏执或虚伪"。

女王经常对她的长子吹毛求疵,现在他继承了王位,成为爱德华七世。爱德华七世生于维多利亚时代有目共睹,但他的天性却与维多利亚时代的价值观相去甚远。他似乎确实是一个非常适合来领导这个社会的人物,这个社会就像朝着北大西洋冰山驶去的泰坦尼克号一样,将毫无顾忌地与他非常不喜欢的侄子德皇威廉二世治下的德意志开战。

1901—1990 年

20 世纪

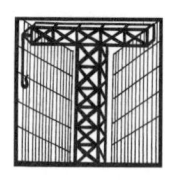

1901年加冕的国王，把他的名字赋予了爱德华时代，人们记住的不是那个出生于1841年带有维多利亚时期稳重美德的国王，而是他的自我放纵和奢侈腐化，他宽大的腰围和粗鲁伪善的性格。他喜欢精美昂贵的食物、英俊健硕的快马、美丽优雅的女人、醇厚巨大的雪茄，他还喜欢法国，也喜欢在他桑德灵厄姆（Sandringham）的诺福克（Norfolk）房子里射击。他短暂的统治，引用R.J.怀特的话说，"就像在随后的黑暗边缘游走，一个漫长的夏日午后，幽静时分突然被香槟软木塞的爆裂打破，伴随着雪茄的袅袅烟雾，听见远处公园传来守卫乐队演奏的埃尔加（Elgar）的《威仪堂堂进行曲》（Pomp and Circumstance）"。

对许多英国人来说，第一次世界大战前的生活与人们对美好时代的想象相去甚远。在社会光鲜的外表下，到处都是贫穷、痛苦和动荡。然而，一年又一年，改革缓慢地进行着，人民群众的生活质量逐步提高，在医药、住房、技术和工作条件方面取得了一个世纪以前做梦也想不到的进步。农业从19世纪70年代和80年代的大萧条中崛起，在城镇里，低收入者和受剥削者组织了成功的罢工。例如，罢工的码头工人得到了他们所要求的每小时6便士的微薄工资。1888年，当布赖恩特和梅的工厂里的火柴女工举行罢工，反对危险、低工资和肮脏的工作条件时，她们打赢了官司。在那一年，地方政府通过了一项法案，设立了郡议会。在随后的几年中，

20世纪初社会光鲜的外表与贫穷、苦难和动荡

《工厂法》进一步改善了工作条件,《住房法》消除了一些最恶劣的贫民窟,《教育法》使成千上万的贫困儿童获得免费学校和免费学校餐。为了实现更好的教育环境,许多私立学校建立起来,为的是向学生灌输阿诺德博士在拉各比(Rugby)公学向男生所要求的"宗教和道德原则"和"男子汉的行为"等观念,拉各比公学是一所私立学校,很多私立学校成立于18世纪,在评论家们的关注下,他们的主要任务和重要功能是把男孩变成绅士,而这正是英国等级制度坚不可摧的基础。

仍有一些人赞同内科医生阿尔姆罗思·赖特爵士的观点,"世上没有好女人,只有受好男人影响的女人"。但更多的人认识到,女性已经在几乎没有权利与自由的社会中生活得太久,就像贝拉·罗克史密斯在《我们共同的朋友》中抱怨的那样,她们是"玩偶之家的娃娃",或者是莎莉·布拉斯《老古玩店》中受压迫的女仆,她"不在乎啤酒的味道,没有属于自己的名字(不太显眼),透过大门锁眼看仅有的屋外世界"。在医学领域,例如,1865年伊丽莎白·加勒特·安德森被纳入医学登记册,并于1876年成立伦敦妇女医学院之后,女性进入医院普遍被接受,以前医院一直被视为男性的专属领域。1882年,《妇女财产法》(Women's Property Act)终于允许已婚妇女拥有自己的财产,虽然有激进的女权主义运动，如潘克赫斯特夫人领导的妇女社会和政治联盟的示威和罢工，埃米莉·戴维森在1913年的德比自戕于国王马蹄下那样的绝望抗议，但这种抗争都因一战而不得不结束。不过，议会投票通过：一旦战争结束，30岁以上的女性都将获得选票，10年后，所有女性享有与男性相同的政治权利。

1905年，一场大选使自由党在亨利·坎贝尔-班纳曼爵士的领导下重新掌权，他的内阁成员有来自兰开夏郡的革故鼎新的羊毛纺纱师戴维·劳埃德·乔治的儿子H.H.阿斯奎思（戴维的母亲是一名威尔士教师的可怜寡妇），还有马尔伯勒第七代公爵的孙子温斯顿·丘吉尔，他们三人轮流成为首相。

坎贝尔-班纳曼的政府和他的继任者阿斯奎思一样，认真致力于改革。更多的贫民窟被清理，城镇被重新规划；建立了劳务交换制度，确保了某些行业的最低工资；老年人可获得养老金；而且，根据1906年的《贸易争端法》(Trade Disputes Act)，工会被依法保护，免担因罢工造成损失的责任。上议院曾对其中几项自由主义措施持怀疑态度，但实际上并没有加以阻止。但当财政大臣劳埃德·乔治为了政府改革筹钱以及针对德国重整军备筹措资金，在1909年提出将对年收入超过3000英镑者征收更高的遗产税、土地税和附加税时，就遭到了上议院的背叛。直到两场大选打响，爱德华七世的儿子乔治五世才被说服，同意在必要时创建多于200名的自由派议员以超过保守党，这场危机才得以解决。1911年通过了《议会法案》(Parliament Act)，严格限制了上议院的权力，并将下议院确立为最高立法机构。同年，《国民保险法》(National Insurance Act)为病人和失业者提供救济。议员们的薪金为400英镑，不久之后，工会支持的候选人进入议员行列。詹姆斯·基尔·哈迪曾是一名矿工，现任苏格兰矿工联合会秘书。他已成为独立工党的领袖，该党是致力于"共同拥有生产资料"的社会主

第四章 帝国的兴衰

为妇女参政而四处奔走的女性

义政策的工党的前身。拉姆齐·麦克唐纳也是苏格兰人,是女仆和农夫的私生子,后来他被选为莱斯特市的议员,并成为第一位工党首相。

爱尔兰的问题仍然没有解决,显然也无法解决。第二项《地方自治法案》失败之后,爱尔兰民族主义者和阿尔斯特新教徒——他们决心在信仰天主教的爱尔兰不失去自己的身份——之间的关系每况愈下,直到爱尔兰政府通过了东北和南部分区都有单独议会的法案。这一解决办法在南方遭到了极大的抵制,以致其26个郡最终不得不从英国获得实质上的独立,东北部的6个郡仍然是联合王国的一部分。事实证明,这是爱尔兰共和军及其支持者所不能接受的,他们要求,现在仍然要求,从阿尔斯特撤出英国军队,建立一个完整的爱尔兰共和国。

尽管争吵不断,1914年8月德皇的军队入侵比利时后,英国向德国宣战,成千上万的爱尔兰人还是加入了英国军队。到1918年11月,当可怕的战争结束时,在英国的百万丧生者中有许多爱尔兰人。劳埃德·乔治在冲突最激烈的时候取代阿斯奎思成为英国首相,他向幸存者承诺,他将"让英国成为一个适合英雄居住的国家"。这个承诺似乎能暂时应验。但是战后的繁荣在两年内就消失了,随之而来的是长期的萧条、罢工和饥饿游行。到1921年,失业人数已超过200万。第二年,劳埃德·乔治被迫辞职,再也无法重返政坛,眼看着自由党被工党取代,成为保守党的主要反对党。接替他的是博纳·劳领导的保守党,再接着是斯坦利·鲍德温,一个方脸,抽着烟斗,看上去无精打采的人,然后是拉姆齐·麦克唐纳领导下的工党政府,1924年由鲍德温再次执政。

第四章 帝国的兴衰

1914 年 8 月英国对德国宣战，导致 4 年的战壕战

1926年，一场矿工大罢工爆发了，罢工失败后，矿工们因饥饿被迫重返工作岗位，工作时间比以前更长，工资也比以前更低。然而，在矿区之外，罢工似乎改善了而不是恶化了贫穷工人和富裕阶层之间的敌对关系，迪斯雷利在19世纪曾将国家划分为"两个国家"。中产阶级曾自愿代替罢工者保持基本服务的运行，这也是他们第一次了解到体力劳动的本质，并开始尊重从事体力劳动的人，而工人则接触了那些与自己背景如此不同的人，双方惊讶地发现他们竟有不少共同点。

　　这是国王称为"持久和平"的机会。尽管鲍德温也是一个温和的人，总是迫切要求和解而不是对抗，但机会还是失去了。对工会施加的立法大大降低了工会的权力，在很大程度上，由于他们的镇压措施，保守党失去了多数席位，不得不在1929年让位给另一个工党政府。在内阁就削减失业救济金问题产生分歧后，这个陷入困境的工党政府感到有义务在1931年与保守党和自由党组成联合政府。

　　除非他们碰巧遇到一些这样的"饥饿游行"，比如，船厂失业工人1936年从达勒姆的贾罗（Jarrow）——那里有三分之二的人口失业——来到伦敦游行，英格兰南部的游客很难相信国家正面临着财政或其他方面的危机。因为有诺埃尔·科沃德的《干草热》（*Hay Fever*）、萨默塞特·毛姆的《忠实的妻子》（*The Constant Wife*）、萨珀的《斗牛犬德拉蒙德》（*Bulldog Drummond*）、迈克尔·阿伦的《绿帽子》（*The Green Hat*）、金斯利·马丁的《新政治家》（*New Statesman*）、萧伯纳的《社会主义和资本主义的聪明女人指南》（*Intelligent Woman's Guide to Socialism and Capitalism*）、经济学家约翰·梅纳德·凯恩斯和社会主义者哈罗德·拉斯基，还有T.S.艾略特和W.H.奥登，这就是鸡尾酒和慢狐步舞的世界。这是汽车的时代，到1939年已经有200万辆汽车上路了，也是海滨

第四章 帝国的兴衰

船厂工人从贾罗游行到伦敦,抗议东北部的失业

20 世纪 30 年代是汽车时代

假日的时代，仅布莱克浦（Blackpool）每年就有 700 万游客。

这一时期的建筑反映了时代特色。许多酒店正在兴建中，比如帕克巷（Park Lane）和梅菲尔（Mayfair）都于 1927 年竣工，斯特兰德宫（Strand Palace）建于 1930 年，多切斯特（Dorchester）酒店建于 1931 年。数以百计的影院同时出现，从宏伟的电影宫殿（如肯辛顿教堂街上的音乐厅）到城镇上的小电影院，现在都改天换地，大部分变身为玩宾果游戏的大厅。宾果游戏是一项赌博类的游戏，起源于 18 世纪，在 20 世纪后半叶变得非常受欢迎。许多剧院也在兴建，例如，1931 年伦敦建的萨维尔剧院（Saville Theatre），1933 年牛津新建的一座巨大的剧院，现在被叫作阿波罗剧院。大商店也越来越多。1924 年，伦敦第一家伍尔沃思（Woolworth）店在牛津街建成，不久之后，许多其他商店也纷纷效仿，其中 D. H. 埃万斯（1937 年）就是一个典型的例子。

为了把购物者和上班族带回他们不断向伦敦周边扩张的郊区的家——就像其他大城市也发生的那样——地下铁路的线路不断延伸，新的车站如查尔斯·豪尔登到霍恩斯洛的皮卡迪利线，其修建的风格再现了一个生动形象的 20 世纪 30 年代。斯图亚特·希伯德穿着无尾礼服，读着关于最近修建广播大厦的新闻。乔治五世的儿子、不幸的未来国王爱德华八世和达德利·沃德夫人在大使馆俱乐部跳舞。艾弗·诺韦洛的《迷人之夜》(*Glamorous Night*) 正在德鲁里巷 (Drury Lane) 的皇家剧院里让观众们兴奋不已。电影院门口排着长队,因为正在放映秀兰·邓波儿主演的《卷毛头》。

对于这些享受着 20 世纪 30 年代欢乐的人来说,英国的经济问题似乎遥不可及。事实上,到 20 年代中期,政客们备受鼓舞,用鲍德温的财政大臣、即将成为英国首相的内维尔·张伯伦的话来说,"我们已经恢复了这个国家 80% 的繁荣"。《荒凉山庄》的故事结束了,他宣布,人们现在可以坐下来欣赏《远大前程》的第一章了。

不久之后,意大利法西斯独裁者贝尼托·墨索里尼入侵埃塞俄比亚,德国总理阿道夫·希特勒重新占领了莱茵兰。1919 年的《凡尔赛条约》剥夺了德国对莱茵兰的控制权。1938 年,德国军队进入奥地利,1939 年,他们占领了捷克斯洛伐克,然后希特勒转向波兰,一直采取绥靖政策的张伯伦被迫向德国宣战。在希特勒与苏联签署互不侵犯条约后,训练有素的德国军队于 9 月 1 日越过波兰边境。

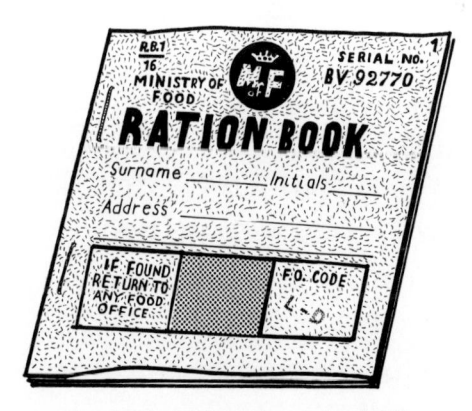

第二次世界大战期间给每一个人配发书籍

温斯顿·丘吉尔

　　张伯伦不是这种在危机中领导国家的人，丘吉尔是他的第一任海军上将，之后接任首相，并为这个国家带来了灵光闪现的五年。1945 年，由于时任内政部长的丘吉尔错误地称工人为"敌人"，选民担心英国会倒退回到二三十年代的政治局面，丘吉尔在大选中遭到惨败。

　　现在上台执政的工党领袖是克莱门特·阿特利，这是工党历史上第一次在下议院获得多数席位，一个克制、活泼的人，他很可能被误认为是一家小银行的经理,最擅长的就是曲意逢迎,伪装自己。丘吉尔曾无意中提到他,将他描述为"披着羊皮的狼"。

他的政府中欧内斯特·贝文是令人安心的高大肥胖的外交大臣;禁欲主义者斯塔福德·克里普斯爵士是贸易委员会主席;激情四溢的威尔士演说家安奈林·比万是卫生部长。他们有充沛的精力着手工作,提出了一系列法案,希望兑现以产业国有化的方式为后来的福利国家奠定基础,并为国家带来一定程度的繁荣的承诺。政府还开始恢复空袭造成的破坏,仅在伦敦就有 350 万所房屋被毁坏或摧毁,考文垂大教堂等国宝也因此遭殃,考文垂大教堂则按照巴兹尔·斯彭斯爵士的设计实施重建。

1951 年,既是万国博览会举办 100 周年庆典的时候,也是保守党在温斯顿·丘吉尔的带领下重新掌权的一年,在做了大量准备工作之后,政府决定在伦敦兰贝斯区泰晤士河南岸的废弃耕地上举办展览,"在道德、文化、精神和物质领域向世界展示英国从战争的影响中实现的复苏"。媒体嘲笑了这一虚张声势的说法,但该展览吸引了近 1000 万人。皇家节日大厅是"伦敦市中心第一个以现代建筑风格著称的主要公共建筑",仍然适合用作纪念馆。随后南岸修建的公共建筑,尤其是海沃德画廊和德尼斯·拉斯顿的国家剧院,并没有受到如此热烈的欢迎。

在 1951 年再次当选后,保守党执政了 13 年。这是日益繁荣的岁月,在物价几乎没有上涨的情况下,工资远远高于战前,越来越多的人买车去度假。1957 年,卡梅伦说:"坦率地讲,我们大多数人的生活从来没有这么好过。"到 20 世纪 60 年代,英国已经是世界上领先的工业和核能大国。

这个世界现在分为社会主义的东方和资本主义的西方,许多未作出承诺的国家不安地在两者之间徘徊,还有一个总部设在纽约的国际机构联合国,努力解决它们之间的分歧。1956 年,埃及总统

1951年在伦敦南岸举办的不列颠博览会

贾迈勒·阿卜杜勒·纳赛尔将苏伊士远河收归国有，英国与法国结盟，并与以色列勾结，出兵登陆埃及企图推翻纳赛尔，在美国的压力下，被迫撤出埃及，战争结束。

苏伊士运河危机导致丘吉尔的继任者、保守党领袖安东尼·伊登下台，这是帝国主义不合时宜的表现。1942年，丘吉尔曾宣称他"不是为了主持大英帝国的清算而成为国王的首任大臣"。然而，在这期间，大英帝国还是解体了。1947年印度和巴基斯坦获得独立；1948年缅甸获得独立；1949年，纽芬兰加入加拿大联邦；几个前非洲殖民地建立了国家。不久，英国的旧殖民地所剩无几，而且大部分都被其他国家占领了。

玛格丽特·撒切尔是自1957年伊登辞职以来的英国第六位首

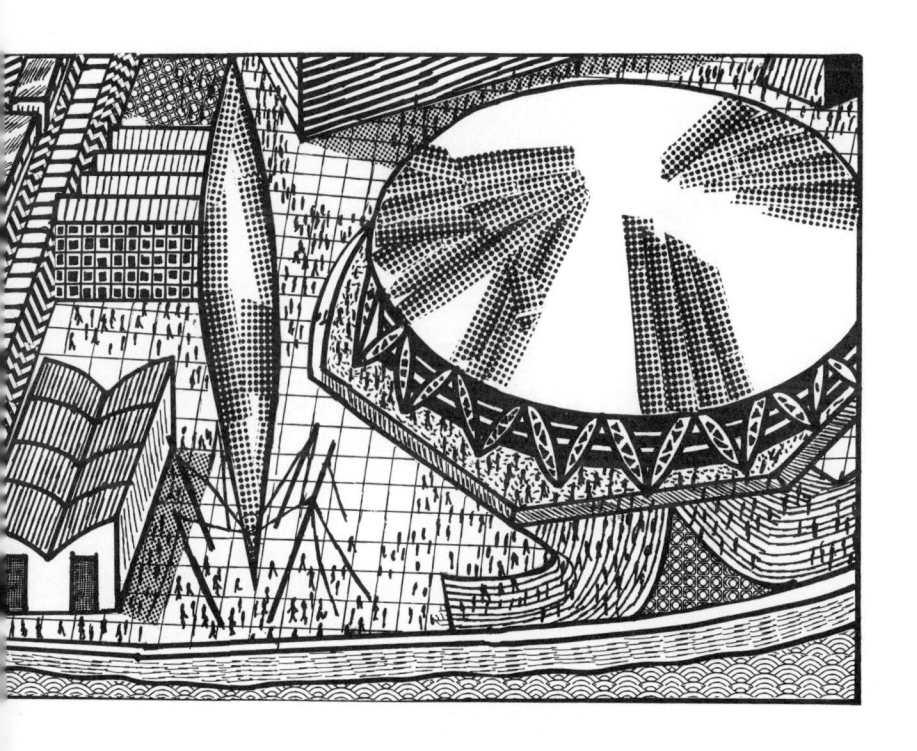

相。伊登支持哈罗德·麦克米伦，一个几乎戏剧化的贵族人物，像他的继任者亚历克·道格拉斯-霍姆先生一样善良、温和、老派，似乎在一个因"宽容社会"而出名的国家里，特别不合时宜。在撒切尔夫人之前的政府，无论是工党领袖哈罗德·威尔逊和詹姆斯·卡拉汉的政府，还是保守党的爱德华·希思的政府，都没有成功地为英国的经济和工业问题找到令人满意的答案，美国国务卿迪安·艾奇逊声称"大不列颠失去了帝国，却未能找到新的角色"。法国总统戴高乐将军也表达了同样的看法，他认为英国与美国的关系过于密切，无法成为1957年《罗马条约》建立的欧洲经济共同体中令人满意的一员。戴高乐两次否决了英国加入欧共体的申请，一次是在欧共体成立时就拒绝英国加入，直到1973年1月，在热心倡导欧洲合作的爱德华·希思担任首相期间，英国才最终被接纳为欧盟成员国。然而，英国人民对这个共同体的态度始终模棱两可。

到 20 世纪 80 年代初，英国人在世界竞赛中落后了。1964 年，除联邦德国外，英国的人均产值超过了欧洲共同体的任何国家。1977 年，英国的人均产值仅高于意大利。如果不是在北海发现了石油，英国经济衰退的程度会更严重。虽然工作的人似乎在维持着繁荣的假象，但失业率高，棘手的社会和经济问题，伴随经济增长带来的污染、犯罪和暴力问题，未经同化的移民社区，种族和阶级偏见以及内陆城市的衰退等，这些问题很快就因通货膨胀而进一步加剧。

撒切尔夫人坚定不移地相信英国应该自力更生和实行被称为私有化（以前国有化工业）的经济发展方式，认为英国应该尽可能少

1979 年到 1990 年的保守党首相玛格丽特·撒切尔

地失去她的主权，而且用她自己的话说，英国应该"恢复她的自信和自尊"。在此过程中，撒切尔夫人击败了党内和工会运动中的一系列反对者，她轻蔑地称她的批评者为"保守中庸"，而在工会运动中，曾经不受限的工业行动能力，现在也遭到严格的法律限制。对她而言，左翼最可怕的敌人是矿工领袖阿瑟·斯卡吉尔，在经历了一场漫长而痛苦的罢工后，他最终落败。在这场罢工中，矿工们与骑警展开斗争，试图阻止煤矿的大规模关闭和采矿业本身的逐渐衰落。然而，事实是，世界正在从过去的劳动密集型重工业转向一个由依赖计算机的服务业和独立小企业组成的美丽新世界，撒切尔夫人希望英国能走在变革的前列。1989年，一位在瑞士工作的英国计算机科学家蒂姆·伯纳斯－李提出了一个名为万维网的概念，他宣称万维网是"为所有人服务的"。这一举动在当时鲜为人知，对未来而言却富有象征意味。

1990—今天

进入新世纪

由于撒切尔夫人始终坚持自己的判断,这在很大程度上导致了意见的分歧。例如在她决心引入一种新的地方政府税收形式时,大规模的示威游行者愤怒地谴责这是中世纪式的"人头税"。1990年12月,撒切尔的领导能力迅速成为一种政治负担,她所在政党的议会议员们对此感到震惊并发动政变罢免了她,取而代之的是知名度相对较低的约翰·梅杰。梅杰在1992年4月的大选中意外获胜。梅杰执政期间,保守党内部对于英国与欧盟的关系存在严重分歧。1992年签订《马斯特里赫特条约》(*Maastricht Treaty*)后,前欧洲共同体成为欧盟。尽管梅杰签订《马斯特里赫特条约》违背主流倾向,获得了一些反对票,而且还发生了1992年9月16日的戏剧性事件,当时国际金融投机商(索罗斯等)迫使英镑退出了欧洲汇率机制,即欧洲统一货币的前身,但欧洲在20世纪90年代的英国公共生活中还是扮演了越来越重要的角色。1992年5月,英吉利海峡隧道的开通,使伦敦和巴黎之间的铁路直接连接,结束了自新石器时代以来英国与欧洲的隔绝状态,这有力地象征着英国与欧洲大陆的联系。然而,即便是在工党内部,英国人对欧盟的怀疑仍在继续。1997年,在年轻而有魅力的托尼·布莱尔领导下,工党以压倒性优势上台。布莱尔曾希望英国加入欧元区,欧元是1999年推出的单一欧洲货币,但他被脾气不那么暴躁的财政大臣、指定的继任者戈登·布朗说服不加入。布朗正确地判断出了此举缺乏公众支持。随着欧元本身于 21 世纪第二个 10 年中在支持欧盟的较穷和偿付能力较差的成员国的压力下开始崩溃，对欧盟的反对声日益高涨，要求就英国继续加入欧盟举行全民公决的呼声也日益高涨，令保守党首相戴维·卡梅伦和英国以前的欧盟成员国感到震惊的是，英国人民投票决定脱离欧盟，因为他们从未在这个联盟中感到生活更加舒适，他们也想看看现代世界会让他们在多大程度上更好地管理自己的事务。

随着千禧年的临近，其他一些经久不衰的传奇故事也达到了高潮。在两项历史性协议之后，北爱尔兰终于迎来和平，1993 年约翰·梅杰和爱尔兰总理艾伯特·雷诺兹发表《唐宁街宣言》（ *Downing Street Declaration* ），以及 1998 年托尼·布莱尔与北爱尔兰主要政党签订《受难日协议》（ *Good Friday Agreement* ），它建立了一个行政分权体系，新芬党和他们的死敌——佩斯利（Paisley）的民主统一党，一起愉快地管理，这个景象在从前是不可想象的。

约翰·梅杰

更值得注意的是，爱尔兰共和军同意完全停火，尽管持不同政见的共和党人试图通过发动一系列引人注目的炸弹袭击破坏和平进程，其中包括1998年8月发生在奥马的一次炸弹袭击，袭击造成29人死亡，是这些麻烦中伤亡最惨重的一次。然而，2011年，英国女王伊丽莎白二世对爱尔兰共和国进行了非常成功的国事访问，标志着和平进程又向前迈进了一步。

1997年，托尼·布莱尔在大选中获得压倒性胜利，开创了一种截然不同的政治风格。在其前任成功击败激进左翼势力的基础上，布莱尔试图将工党重塑为"新工党"，即穿着时髦、对媒体友好、准备与大企业合作、务实而激进地致力于现代化。布莱尔已经说服他的政党放弃宪法第四条款，该条款承诺英国经济的公有制；他领导的政党焕然一新，摆脱了20世纪70年代工会斗争的令人不安的状况，吸引了寻求改变18年保守党统治的选民。布莱尔以其非正式的"沙发风格"处理事务，明确表示他代表着对传统政治体制的挑战。因此，上议院改革是早期的优先事项：尽管布莱尔回避了让贵族进行选举的提议——这将赋予他们与下议院竞争的民主授权，他还是终止了世袭贵族在议会中的古老权利。

另一个顺应新趋势的古老机构是英格兰国教会，它在1994年任命了首位女牧师，并在2015年为首位女主教祝圣。天主教并不打算效仿，认为此举是与英格兰国教会建立更密切关系的主要障碍。它向那些反对女性地位的圣公会神职人员敞开大门，甚至允许已婚的前圣公会教会祝圣为天主教神父。英格兰国教会的辩论很快转移到了更棘手的同性恋神职人员的教职问题上，这个问题在全世界圣公会的交流中引起了深刻的分歧。事实上，英格兰国教会发现自己落后于其他国家：英国2005年引入了同性伴侣间的民事伴侣关系，2013年，议会更进一步，允许同性伴侣结婚。尽管教会极不情愿支持这一举措，但民众表明支持，英国人已经在很大程度上偏离了他们对教会及其教义的传统崇敬。

尽管布莱尔本人笃信宗教，但他却避开了宗教争议，他的新闻顾问曾经告诉记者，新工党没有"做上帝"。布莱尔信仰现代性，2004年，为纪念《英法协约》签订100年，法国总统雅克·希拉克访问英国，布莱尔精心向他展示了金丝雀码头的现代主义建筑，金丝雀码头是未来主义的商业中心，而不是他们通常迎接外国国家元首的黄金马车和红衣卫兵。布莱尔满怀热情地期待着新千年的到来，他打算在格林尼治建造一个巨大的千年穹顶，以一种不确定但却令人叹为观止的体验来纪念这个新千年。尽管如此，事实证明，穹顶里的东西是一个潮湿的哑炮，而穹顶本身表面上令人印象深刻，但内在却缺乏创意，看起来像是布莱尔领导的新工党的形象。在穹顶内庆祝千禧年的新年庆典上，布莱尔被拍到唱着《友谊地久天长》，他的旁边是明显低落的女王。

女王有充分的理由看起来闷闷不乐，因为20世纪的最后10年是自退位以来君主制最困难的10年。1992年，她的孩子们童话般的王室婚姻在一系列公开的分居和离婚事件中轰然倒塌，温莎城堡的部分地区也发生了火灾，导致女王将这一年称为"可怕的一年"。戴安娜王妃的婚姻困境在一本被广泛宣传的书《戴安娜，她的真实故事》(*Diana, Her True Story*)中得到了详细的描述。1995年，她接受了一次亲密的电视采访，在采访中她声称，查尔斯王子与旧情人卡米拉·帕克·鲍尔斯夫人的恋情，让他们的婚姻变得支离破碎。第二年，这对夫妻正式离婚。然而，1997年8月31日，戴安娜王妃在巴黎的一场车祸中丧生，由此产生的一波对英国人的冲击，引发了公众的哀悼，这种情绪蔓延到地中海和拉丁美洲，令君主政体完全措手不及。当人们在白金汉宫门前堆起大量鲜花时，英国首相托尼·布莱尔通过称戴安娜为"人民的王妃"，从而巧妙地抓住了公众的情绪。当女王没有从巴尔莫勒尔（Balmoral）城堡返回伦敦，也没有在白金汉宫下半旗致哀时，这种情绪很快就开始恶化。不过，王室很快改变了这一局面，他们精心策划了一场非常成功的葬礼，葬礼上的传统仪式和流行音乐恰到好处地融合在一起，以满足公众的需求。慢慢地，随着信心的增强，王室开始重新赢得公众的信任和爱戴。2002 年，女王登基 50 周年庆典举行了盛大的露天派对，3 年后，威尔士亲王查尔斯和帕克·鲍尔斯夫人能够在公众同情和支持下结婚。查尔斯和戴安娜的长子威廉王子和美丽的中产阶层出身的凯瑟琳·米德尔顿女士的婚礼，在 2011 年是广受欢迎的。2012 年在伦敦奥运会的开幕式上，令全球人民意想不到的是，凯瑟琳王妃从直升机上乘降落伞来到舞台上，"詹姆斯·邦德"伴随左右。很难想象维多利亚女王曾做过类似的事情，但这是女王为让王室在 21 世纪继续存在而准备付出的代价之一。

自工业革命开始以来，英国人已经习惯了惊人的社会和经济变革速度。但即使是在电视、超音速飞行和登月的时代，人们也没有为 20 世纪 80 年代开始的计算机革命做好准备。BBC、柯摩多尔公司和家用计算机开始出现在教室和圣诞树前后。企业家们如开创性工程师克莱夫·辛克莱变得家喻户晓，尽管他的计算机比他的辛克莱 C5 更成功。辛克莱 C5 是一款不成功的单人电动车，增添了国人的欢乐，却并没有解决道路长期过度拥挤的问题。新成立的伦敦市长办公室将最新的计算机技术与一个非常古老的概念"道路通行费"结合起来，从而产生了拥堵费，这一举措试图通过驾车者付费驶入伦敦市中心来缓解拥堵。

然而，也许日常生活中最惊人的技术变革，是简陋的电话转变为便携式多功能计算机，能够拍照和拍摄，能连接到互联网，发送电子邮件，具有支付、出示火车票或机票以及拨打和接听电话等一系列功能。如此强大的技术触手可及，构成了一场真正的社会革命，这种方式是其最初的发明者从未设想过的。电视节目是通过

第四章　帝国的兴衰

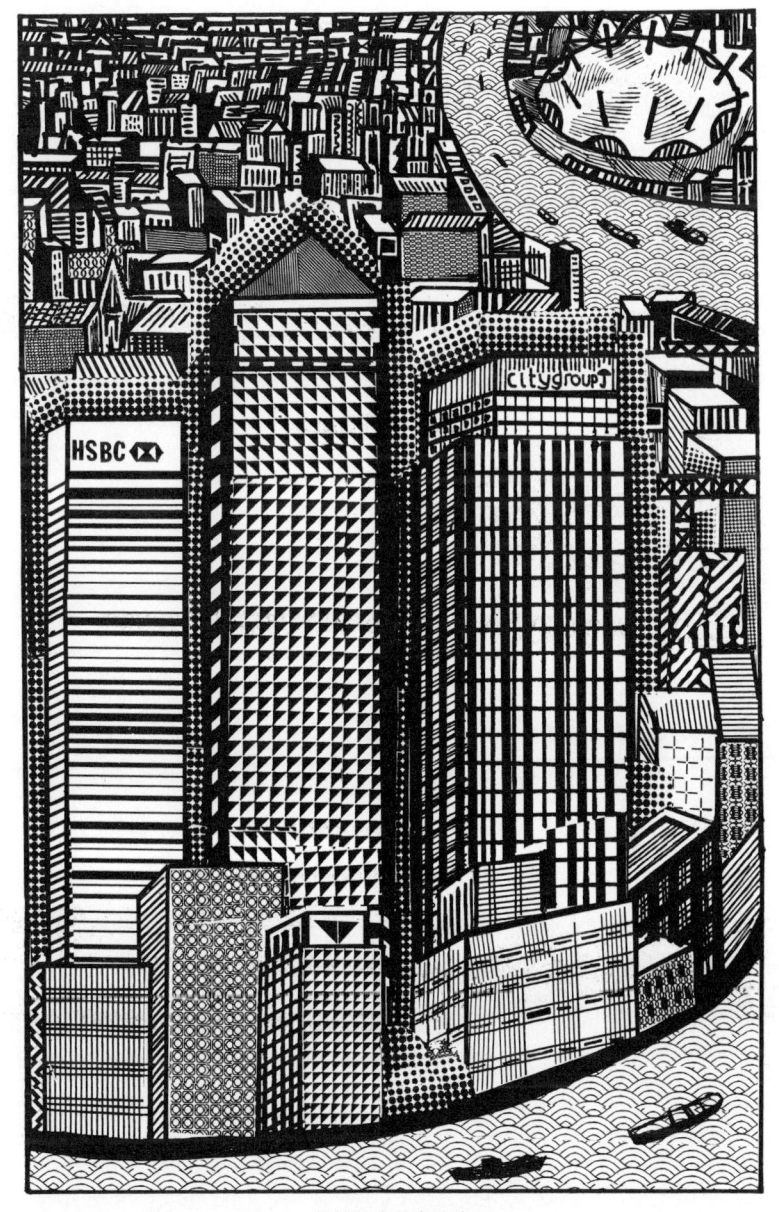

伦敦的金丝雀码头

庆祝英国女王伊丽莎白二世登基 50 周年的金禧庆典

数字技术分发的,可以在同一时间、同一地点以整体或分期的方式观看,以方便观众而不是广播公司,包括在移动电话上观看。数以百万计的人通过统称为"社交媒体"的网站在网上相互联系。社交媒体迅速改变了思想交流和传播的方式,对人们参与政治讨论的方式产生了意想不到的影响。精明的政客们很快就把注意力集中在网上宣传他们的政策和个性上,就像过去他们在国内信箱里散发传单一样。

随着通信世界的变化,公众对它所揭示的政治家的形象越来越不耐烦。2009 年,当新闻报道,各党派的大批议员以及上议院议员一直在扭曲有关其开支的规则来提高他们的生活水平,并由纳税人承担费用时,这给大众一贯的愤世嫉俗增添了一种爆炸性的新成分。一些例子引起了同样的愤怒,一位保守党议员对一座漂浮的鸭子屋的索赔就是一个例子,但更严重的是,议会本身的完整性已经因一系列违规向议员支付金钱,以换取提出议会问题或拥有特权接触部长或获得荣誉和爵位等问题而受到损害。自 1832 年《大改革

法案》（Great Reform Act）实施之前，议会制度就充斥着私人腐败现象。越来越愤世嫉俗的选民的反应是，大量转向向主流政党以外的政党：苏格兰民族党、工党的左翼和英国独立党。英国独立党是一个边缘党，反对欧盟和外国移民，因此赢得了保守党和工党的大量选票。

然而，没有什么问题比布莱尔在20世纪头10年领导英国卷入的中东战争更能让公众对政客，尤其是对布莱尔的新工党计划的态度恶化了，即便是议会腐败也是如此。20世纪80年代，中东地区的稳定受到伊斯兰原教旨主义激进分子增长的威胁。1979年伊朗革命是该地区激进分子的先头部队，伊朗革命建立了一个由阿亚图拉·鲁霍拉·霍梅尼领导的愤怒的反西方神权政体。1989年，霍梅尼对英国作家萨曼·拉什迪发布了一项死刑判决，拉什迪的讽刺小说《撒旦诗篇》在英国的大部分亚洲穆斯林中激起了愤怒，这项判决得到了令许多英国人吃惊的支持。西方领导人通常喜欢伊朗的致命对手伊拉克，经常睁一只眼闭一只眼对待凶残的独裁领袖萨达姆·侯赛因。直到1990年萨达姆入侵盛产石油的邻国科威特，才迫使美国领导的联军和英国军队对伊拉克发动了战争。

自从丘吉尔与罗斯福在战时建立了亲密的关系以来，英国首相一直试图与美国总统建立密切的"特殊关系"。玛格丽特·撒切尔与罗纳德·里根，托尼·布莱尔与同样开明的比尔·克林顿，一起实现了这一目标。2001年9月11日，伊斯兰"基地"恐怖组织对纽约和华盛顿发动袭击后，布莱尔立即向美国总统乔治·W.布什表示支持，派遣英国军队加入美国领导的对阿富汗的"基地"组织的武装行动。与英国以前侵略阿富汗一样，这次入侵开始时取得成功，但很快演变成一场旷日持久的游击战争。更有争议的是布什总统2003年下令入侵伊拉克，在公众的强烈反对下，托尼·布莱尔反而热情地支持。入侵的官方原因是伊拉克政权有对西方发动战争的"大规模毁灭性武器"，当发现这些武器不存在，而且向议会提交的证据具有误导性时，公众的愤怒情绪就加深了。当入侵后的伊拉克陷入混乱的内斗和长期旷日持久的动乱时，对左派人士说，布莱尔的工党威信似乎和之前的首相拉姆齐·麦克唐纳一样受损。

英国军队在伊拉克和阿富汗分别驻扎到2011年和2014年，但在那之前很久，这场冲突就已经在离我们更近的地方沾上了险恶的色彩。2005年7月7日，一群英国穆斯林在伦敦地铁站引发了一系列爆炸，造成52人死亡，数百人受伤。恐怖分子认为他们的行动是全球战争的一部分，他们认为西方政府正在中东和其他地方对穆斯林发动战争。当一个自称"伊斯兰国"的残暴无情的伊斯兰组织在战后伊拉克和饱受内战蹂躏的叙利亚的混乱中出现时，很多英国穆斯林常常受到社交媒体上传播的信息的影响，前往中东加入这个组织。到21世纪第二个10年，本土的伊斯兰恐怖主义是英国面临的最严重的安全问题之一。

与此同时，布莱尔时代的大部分经济乐观情绪在两次金融崩溃之后已经消失，第一次是在千年之交，时髦的互联网公司危机，第

议员开支丑闻被媒体曝光

二次是 2008 年全球银行业危机。美国金融家对次级房屋信贷的过度投资，严重影响了托尼·布莱尔的继任者戈登·布朗的经济命运，导致他在 2010 年的大选中失败。那次选举产生了自 1974 年以来的第一次悬浮议会[1]，使得年轻的保守党领袖戴维·卡梅伦与自由民主党就一项联合协议进行谈判，让他们获得包括副首相在内的部分部长级职位，从而让工党的对手措手不及。自丘吉尔战时联合政府以来，自由民主党首次执政，发现权力交接困难重重。由于支持向大学生收取学费，自由民主党在年轻人中失去了很多人气，而此前他们曾承诺反对这项政策。他们还看到，在 2011 年的全民公投中，比例代表制被断然否决，他们珍视的这一梦想随之破灭。自由民主党可以理直气壮地声称已经缓和了政府的激情，但他们长期以来一直是政治理想主义者的避风港，因此他们为政治权力妥协和含糊其辞付出了沉重的代价。在 2015 年的选举中，他们被削减到无关紧要的少数席位，保守党凭借微弱但可行的多数选票重新掌权。

2015 年的大选还因工党在其传统大本营苏格兰的垮台而引人

---

1 悬浮议会：指无任何党派占明显多数的议会。——编者注

注目。在苏格兰，复兴的苏格兰民族党赢得了除三个议会席位以外的所有席位。自 1707 年《联合法案》和《联合条约》颁布以来，苏格兰似乎一直是英国的一个稳定而繁荣的伙伴。格拉斯哥是大英帝国的主要制造业和贸易中心，许多苏格兰人都积极参与其中。到了 20 世纪末，盎格鲁－苏格兰人之间的敌对传统，似乎已退化为体育场上比平常更为激烈的竞争。然而，苏格兰人对撒切尔夫人在英国其他地区引入人头税之前，对他们尝试征收不受欢迎的人头税感到不满。约翰·梅杰试图安抚民族主义情绪，在苏格兰和英格兰边境上举行了归还最初由爱德华一世国王带到英格兰的斯昆石的交接仪式，斯昆石（最初由受德华一世国王带到英格兰）被带回爱丁堡城堡。1997 年，苏格兰人以多数票支持恢复在霍利鲁德（Holyrood）的苏格兰议会，并于 1999 年正式成立；威尔士人以较小的优势支持建立一个更为有限的威尔士议会。再加上北爱尔兰议会，这意味着从伦敦下放的权力比 18 世纪以来的任何时期都多。苏格兰和威尔士民族主义的复兴引起了英国人的反应，圣乔治的旗帜开始在体育赛事上飘扬，甚至有人呼吁将更大的权力下放给各地区。2000 年关于议员开支的丑闻大大削弱了威斯敏斯特议会的道德权威。苏格兰民族主义者越来越多地将霍利鲁德当作苏格兰"真正的"政府所在地。2014 年，根据伦敦和爱丁堡的协议，苏格兰举行了独立公投，尽管 55% 的人反对，但对分离的支持已达到以前做梦也想不到的程度，留英公投的结果是，英国承诺将进一步把权力移交给苏格兰议会。进入新千年还不到 15 年，英国的未来就充满了不确定性。

2011 年，伦敦和英格兰其他一些城市爆发了严重的骚乱。暴力事件是由伦敦北部一名年轻黑人男子被警察开枪打死引发的，但这些事件并非种族骚乱。涉及不同背景的人，由从社会抗议到简单的盗窃一系列因素推动的整个事件让人奇怪地想起了 18 世纪的戈

第四章　帝国的兴衰

2004年，托尼·布莱尔在伊拉克巴士拉向部队发表讲话

登暴动。第二年，伦敦奥运会给了英国人一个机会，让他们在全球观众面前反思英国已经变成了一个什么样的国家。开幕式上，英国传统农村的生动画面被猛烈地撕成碎片，工厂和工业革命时期高耸的烟囱在这里拔地而起，奥运五环像从贝塞麦（Bessemer）转炉中喷出的钢水一样降落到体育场。一群争取选举权的妇女、"疾风世代"移民和60年代的佩花嬉皮士组成的游行队伍彼此紧跟着，构成了一场英国现代建设的修正主义叙事盛会。人们特别重视那些21世纪英国人引以为傲的礼物：流行音乐、国民医疗服务（NHS）、万维网，以及从《爱丽丝梦游仙境》到《哈利·波特》等面向儿童的富有想象力的繁荣的传统文学。这一切与艾伯特亲王1851年万国工业博览会的工业自豪感和帝国信心，还有1951年英国艺术节上战后鼓舞士气的演习形成了鲜明的对比，英国终于摆脱战后混乱，恢复了自信，也许不能像维多利亚时代的人那样自信，但是撒

切尔夫人会认可这一点的。

2014 年，在英国纪念第一次世界大战 100 周年之际，对历史的反思也发挥了类似的作用。大部分纪念活动都集中在战争死难者身上。在一个特别引人注目的装置中，伦敦塔的护城河上逐渐填满了陶瓷罂粟花，每一朵罂粟花代表一位在"一战"中阵亡的英国人。但这些纪念活动也反映了来自印度、非洲或西印度群岛的帝国军队所发挥的作用，公众辩论也考虑了英国在一个世纪前参战的原因。即使在后现代主义的新千年，英国人也在反思他们的历史是如何形成的。

幸运的是，历史学家不需要成为先知，他们只需要解释过去，为未来提供经验，因为历史会报复那些忽视历史的人。大概了解英国的历史和成就，可以引领我们去期待，是否能将此经验应用到现代社会中去，英国人现在甚至仍然像弥尔顿在 300 年前所暗示的那样，相信"人类没有能力做到任何事"。

艺术家保罗·卡明斯和汤姆·派珀用陶瓷罂粟花填满了伦敦塔护城河

王室系谱表

盎格鲁 – 撒克逊国王

下面列出公元800年前英格兰较为重要的君主,从埃格伯特的统治开始,一系列国王相继出现,他们实际上是整个英格兰的统治者。

埃勒(Aelle),苏塞克斯国王(?—5世纪晚期)

齐奥林(Ceawlin),韦塞克斯国王(560—591/592)

阿尔赫伯特(Aerhelbert),肯特国王(560—616)

雷德瓦尔德(Redwald),东英吉利亚国王(?—616/627)

埃德温(Edwin),诺森伯兰国王(616—633)

奥斯瓦尔德(Oswald),诺森伯兰国王(634—642)

奥斯维(Oswy),诺森伯兰国王(642—670)

埃格弗里斯(Ecgfrirh),诺森伯兰国王(667—685)

潘杜(Pendu),默西亚国王(632—655)

伍尔夫(Wulfhere),默西亚国王(658—674)

埃特尔雷德(Aethelred),默西亚国王(674—704)

凯德拉(Caedwalla),威塞克斯国王(685—688)

伊恩(Ine),威塞克斯国王(688—726)

威特雷德(Wihtred),肯特国王(692—725)

森雷德(Cenred),默西亚国王(704—709)

西奥雷德(Ceolred),默西亚国王(709—716)

阿尔赫巴尔德(Aerhelbald),默西亚国王(716—757)

塞奥武夫（Ceolwulf），诺森伯兰国王（729—737）

奥法（Offa），默西亚国王（757—796）

阿特雷德（Aethlred），诺森伯兰国王（774—779,790—796）

贝奥赫特里克（Beohtric），威塞克斯国王（786—802）

康伍尔夫（Conwulf），默西亚国王（796—821）

埃格伯特（Egbert）（802—839），西撒克逊人的国王

埃特尔伍尔夫（Ethelwulf）（839—855），埃格伯特之子，西撒克逊人和肯特斯曼人的国王

埃特尔巴尔德（Ethelbald）（855—860），埃特尔伍尔夫之子，西撒克逊国王

埃特尔伯特（Ethelbert）（860—866），埃特尔伍尔夫之子，西撒克逊人和肯特斯曼人的国王

埃特尔雷德一世（Ethelred I）（866—871），埃特尔伍尔夫之子，西撒克逊人和肯特斯曼人的国王

阿尔弗雷德大帝（Alfred the Great）（871—899），埃特尔伍尔夫之子，西撒克逊国王

"长者"爱德华（Edward the Elder）（899—924），阿尔弗雷德之子，盎格鲁人和撒克逊人的国王

阿特尔斯坦（Athelstan）（924—940年），爱德华之子，西撒克逊和默西亚的国王

埃德蒙（Edmund）（940—946），爱德华之子，英国国王

埃德里德（Edred）（946—955），爱德华之子，英国国王

艾德威（Edwy）（955—959），埃德蒙之子，英国国王

埃德加（Edgar）（959—975），埃德蒙之子，英国国王

"殉教者"爱德华（Edward the Martyr）（975—979），埃德加之子，英国国王

"仓猝王"埃特尔雷德二世（Ethelred Ⅱ, the Unready）(979—1016)，埃德加之子，英国国王

埃德蒙·艾恩赛德（Edmund Ironside）(1016)，埃特尔雷德之子，英国国王

丹麦王室

克努特（Canute）(1016—1035)，英国、丹麦和挪威的国王

哈德克努特和哈罗德一世（Harthacanute and Harold Ⅰ, Harefoot）(1035)，克努特之子，丹麦和英国国王

哈罗德一世（1035—1040）

哈德克努特（1040—1042）

"忏悔者"爱德华（Edward the Confessor）(1042—1066)，英国国王埃特尔雷德之子

哈罗德二世（Harold Ⅱ Godwinson）(1066)，英国国王

英国故事

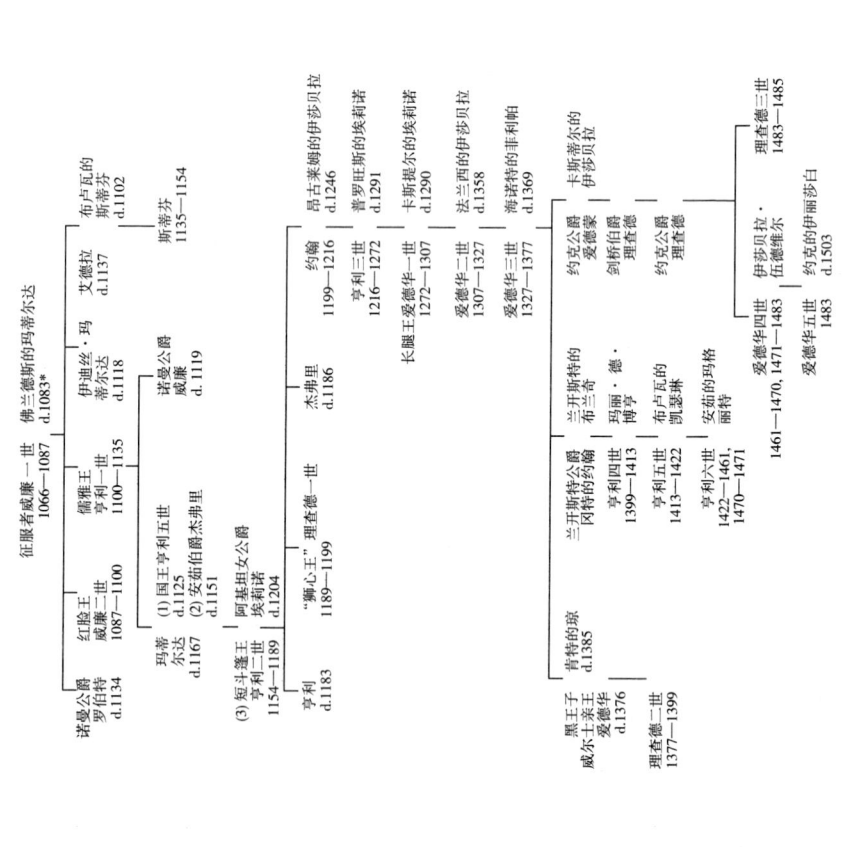

诺曼和金雀花王朝 1066—1485

征服者威廉一世 — 佛兰德斯的玛蒂尔达
1066—1087　　d.1083*

- 诺曼公爵罗伯特 d.1134
- 红脸王威廉二世 1087—1100
- 儒雅王亨利一世 1100—1135 — 伊迪丝·玛蒂尔达 d.1118
  - (1) 国王亨利五世 d.1125
  - (2) 安茹伯爵杰弗里 d.1151
  - 玛蒂尔达 d.1167
- 诺曼公爵威廉 d.1119
- 艾德拉 d.1137 — 布卢瓦的斯蒂芬 d.1102
  - 斯蒂芬 1135—1154

(3) 短斗篷王亨利二世 1154—1189 — 阿基坦女公爵埃莉诺 d.1204

- 亨利 d.1183
- "狮心王"理查德一世 1189—1199
- 杰弗里 d.1186
- 约翰 1199—1216 — 昂古莱姆的伊莎贝拉 d.1246
  - 亨利三世 1216—1272 — 普罗旺斯的埃莉诺 d.1291
    - 长腿王爱德华一世 1272—1307 — 卡斯提尔的埃莉诺 d.1290
      - 爱德华二世 1307—1327 — 法兰西的伊莎贝拉 d.1358
        - 爱德华三世 1327—1377 — 海诺特的菲利帕 d.1369

- 黑王子威尔士亲王爱德华 d.1376
  - 理查德二世 1377—1399
- 青特的冈特 d.1385 — 兰开斯特公爵冈特的约翰
  - 兰开斯特的布兰奇 — 亨利四世 1399—1413
    - 亨利五世 1413—1422 — 布卢瓦的凯瑟琳
      - 亨利六世 1422—1461, 1470—1471 — 安茹的玛格丽特
- 玛丽·德·博亨
- 约克公爵爱德蒙家 剑桥伯爵理查德 — 约克公爵理查德
  - 伊莎贝拉·伍德维尔 — 爱德华四世 1461—1470, 1471—1483
    - 爱德华五世 1483
    - 约克的伊丽莎白 d.1503
  - 卡斯蒂尔的伊莎贝拉
  - 理查德三世 1483—1485

*此表中"d."表示"卒于","m."表示"成为王后于","div."表示"离婚于","ex."表示"处决于",特此说明。——译者注

王室系谱表

都铎王朝 1485—1603

- 兰开斯特公爵冈特的约翰 d.1399
  - (3) 凯瑟琳·斯温福 d.1403
    - 萨默塞特伯爵约翰 d.1410
      - 玛格丽特·霍兰德
        - 萨默塞特公爵约翰 d.1444
          - 布莱托的玛格丽特
            - 玛格丽特·博福德 d.1509
              - **亨利七世 1485—1509**
                - 约克家的伊丽莎白 d.1503
                  - **亨利八世 1509—1547**
                    - (1) 阿拉贡的凯瑟琳 m.1509—div.1533—d.1536
                    - (2) 安妮·博林 m.1533—ex.1536
                    - (3) 珍·西摩 m.1536—d.1537
                    - (1) **玛丽一世 1553—1558**
                      - 西班牙的菲利普二世 d.1598
                    - (2) **伊丽莎白一世 1558—1603**
                    - (3) **爱德华六世 1547—1553**
                  - 玛格丽特·都铎 1489—1541
                    - 苏格兰的詹姆士五世 d.1542
                      - **苏格兰玛丽女王 1542—ex.1587**
                        - (1) 法国的弗朗西斯二世 d.1560
                        - (2) 达恩利勋爵亨利 1545—1567
                        - (2) **詹姆斯一世苏格兰詹姆斯六世 1603—1625**

- (2) 里奇蒙伯爵埃德蒙·都铎 d.1456
  - 爱德华四世 1461—1470 1471—1483
    - (1) 亨利五世 1413—1422
    - (2) 欧文·都铎 d.1461
      - 布卢瓦的凯瑟琳 d.1437
  - 伊莎贝拉·伍德维尔

斯图亚特和汉诺威王朝 1603—1839

- (苏格兰詹姆斯六世) **詹姆斯一世 1603—1625**
  - 丹麦女王安妮 d.1619
  - 威尔士亲王亨利 d.1612
  - 伊丽莎白 d.1662
    - 腓特烈五世 帕拉丁选帝侯 d.1632
      - 奥兰治的威廉
      - 苏菲亚 d.1714
        - **查尔斯一世 1625—1649**
          - 法国亨利四世的女儿亨利埃塔·玛丽亚 d.1669
          - **查尔斯二世 1660—1685**
            - 布拉甘萨的凯瑟琳 d.1705
          - 玛丽 d.1660
          - **詹姆斯二世 1685—1688 d.1701**
            - (1) 安妮·海德 d.1671
            - (2) 摩德纳的玛丽 d.1718
          - (1) **玛丽二世 1689—1694**
            - **威廉三世**（玛丽之子）1680—1702 独立掌权于1694 威廉之弟
          - (1) **安妮 1702—1714**
            - 丹麦的乔治 d.1708
          - 詹姆斯·弗朗西斯·爱德华·斯图亚特 (老王位觊觎者) d.1766
          - 查理·爱德华 (小王位觊觎者) d.1788
        - 尼菲特·奥古斯都 d.1698
        - 塞勒的苏菲亚·多洛西娅 d.1726
        - 勃兰登堡-安斯波的卡洛林 d.1737
        - **乔治一世 1714—1727**
        - **乔治二世 1727—1760**
        - 萨克森-哥达-阿尔滕堡的奥古斯塔 d.1772
        - 梅克伦堡-施特雷利次的苏菲娅·夏洛特 d.1818
        - **乔治三世 1760—1820**
        - 布伦斯维克-沃尔芬布托尔的卡洛林 d.1821
        - 自1811年摄政王乔治四世国王 **1820—1830** 夏洛特 d.1817
        - 克拉伦斯公爵威廉四世 1830—1837 d.1837
        - 萨克森-麦宁根的阿德莱德 d.1849
        - 约克公爵弗雷德里克 d.1827
        - 肯特公爵爱德华 d.1820
          - 萨克森-科堡的维多利亚 d.1861
            - **维多利亚 1837—1901**

227

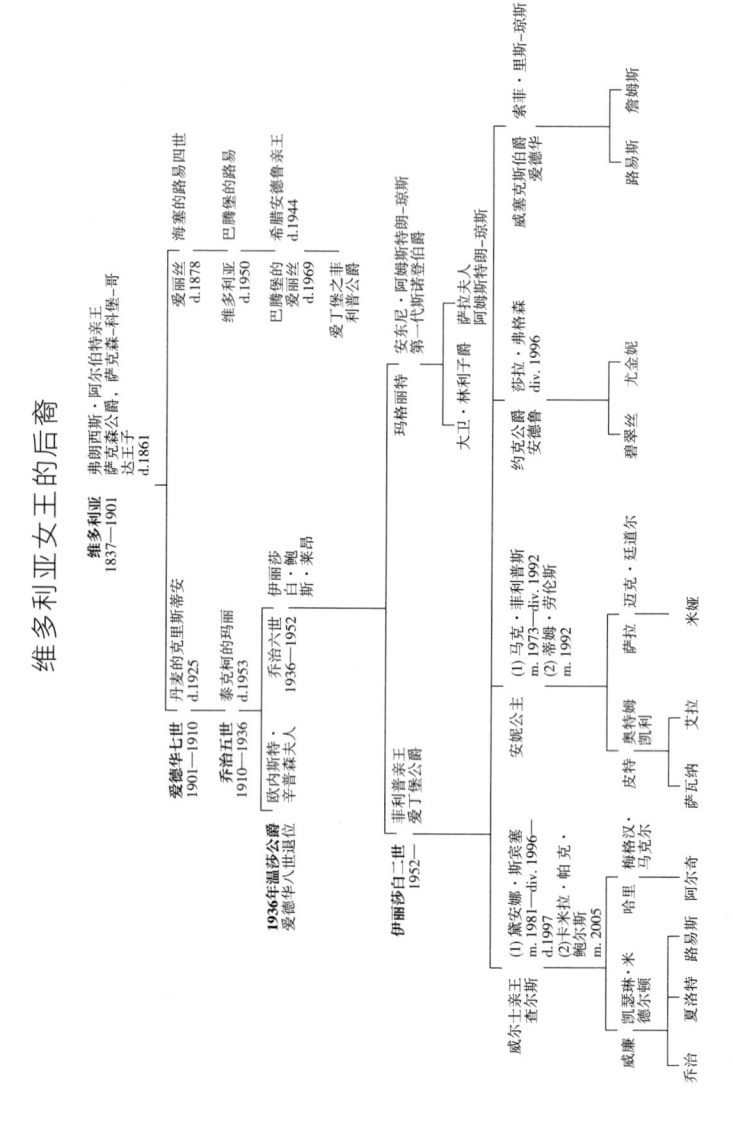

英国故事

维多利亚女王的后裔

维多利亚 1837—1901 — 弗朗西斯·阿尔伯特亲王，萨克森公爵，萨克森-科堡-哥达王子 d.1861

- **爱德华七世** 1901—1910
  - 丹麦的亚里斯蒂安 d.1925
- **乔治五世** 1910—1936
  - 泰克的玛丽 d.1953
  - 欧内斯特·辛普森夫人
  - **乔治六世** 1936—1952
    - 伊丽莎白·鲍台斯-莱昂
- 爱丽丝 d.1878 — 海塞的路易四世
  - 巴腾堡的路易
  - 维多利亚 d.1950
  - 巴腾堡的爱丽丝 d.1969 — 希腊安德鲁亲王 d.1944
  - 爱丁堡公爵之非利普公爵

1936年温莎公爵 爱德华八世退位

伊丽莎白二世 1952— — 菲利普亲王 爱丁堡公爵

- 威尔士亲王查尔斯
  - (1)戴安娜·斯宾塞 m.1981—div.1996—d.1997
  - (2)卡米拉·鲍尔斯 m.2005
  - 威廉 — 凯瑟琳·米德尔顿
    - 乔治 夏洛特 路易斯
  - 哈里 — 梅格汉·马克尔
    - 阿尔奇
- 安妮公主
  - (1)马克·菲利普斯 m.1973—div.1992
  - (2)蒂姆·劳伦斯 m.1992
  - 皮特 — 奥特姆·凯利
    - 萨瓦纳 艾拉
  - 萨拉 — 迈克·廷道尔
    - 米娅
- 约克公爵安德鲁 — 莎拉·弗格森 div.1996
  - 碧翠丝 尤金妮
- 威塞克斯伯爵爱德华 — 索菲·里斯-琼斯
  - 路易斯 詹姆斯
- 玛格丽特 — 安东尼·阿姆斯特朗-琼斯 第一代斯诺登伯爵
  - 大卫·林利子爵 — 萨拉·弗朗斯 阿姆斯特朗-琼斯

228

地图

大教堂与庄园

- 卡莱尔
- 锡顿得勒沃尔
- 达克顿
- 莱德山
- 布兰特伍德
- 霍华德城堡
- 阿勒顿公园
- 里彭
- 约克
- 伯顿阿格尼斯
- 海尔伍德庄园
- 哈德威
- 哈德维尔厅
- 切斯特
- 小埃顿厅
- 沙格伯勒
- 利奇菲尔德
- 哈格利庄园
- 查特斯伍斯
- 林肯
- 索斯韦尔
- 伯利庄园
- 彼得伯勒
- 伊利
- 考文垂
- 霍尔汉姆
- 布利克林庄园
- 诺威奇
- 牧羊伯勒
- 罗切斯特
- 圣奥尔本斯
- 克莱沃登
- 伦敦
- 吉尔福德
- 霍克斯莫尔庄园
- 沃本修道院
- 霍登比
- 苏格尔夫庄园
- 查理科特
- 塞雷科尔
- 格洛斯特
- 布莱尼姆
- 牛津
- 凯德斯科特
- 温彻斯特
- 利物浦
- 伍德福
- 赫利德福
- 圣大卫
- 巴斯
- 托布里
- 厄尔汉姆
- 奇韦顿
- 梅尔斯
- 斯托海德
- 布纳顿
- 麦斯特芬德修道院
- 查尔福德
- 斯坦博思斯
- 埃克塞特
- 蒙塔丘特庄园
- 奇灵顿
- 考斯伯罗
- 特鲁罗
- ▲ 教堂
- ● 庄园

50 英里

内战地图

- 1648-8-17至1648-8-15 普雷斯顿
- 1644-7-2 马斯顿荒原
- 1643-6-2至1643-7-13 阿德沃顿荒原
- 1643年9月至1643-12-8 温克比
- 1644-5-11至1644-6-14 纳斯比
- 1644-1-29 南特威治
- 什鲁斯伯里
- 1644-5-23至1644-6-29 科布雷迪桥
- 1643-6-18 蓝伯里
- 1642-10-24至1643年1月 布伦特福德和特纳姆格林
- 1648-6-1 梅德斯通
- 切斯特
- 1651-9-3至1651-10-10 沃斯特
- 赫里福德
- 1642-10-12至1642-10-23 埃奇希尔
- 1643-6-18 查格罗夫
- 纽克
- 莱斯特
- 1643-9-20和1644-10-17 至1644-10-27 纽伯里
- 牛津
- 1644-1-29 切里顿
- 布里斯托尔
- 兰斯敦
- 1643-7-5至1643-7-24
- 朗勃顿
- 1643-6-16至1643-7-10
- 1643-5-16 斯特拉顿
- 1644-8-10至1644-9-5 洛斯特维希尔
- 埃克塞特

英格兰地图

地图

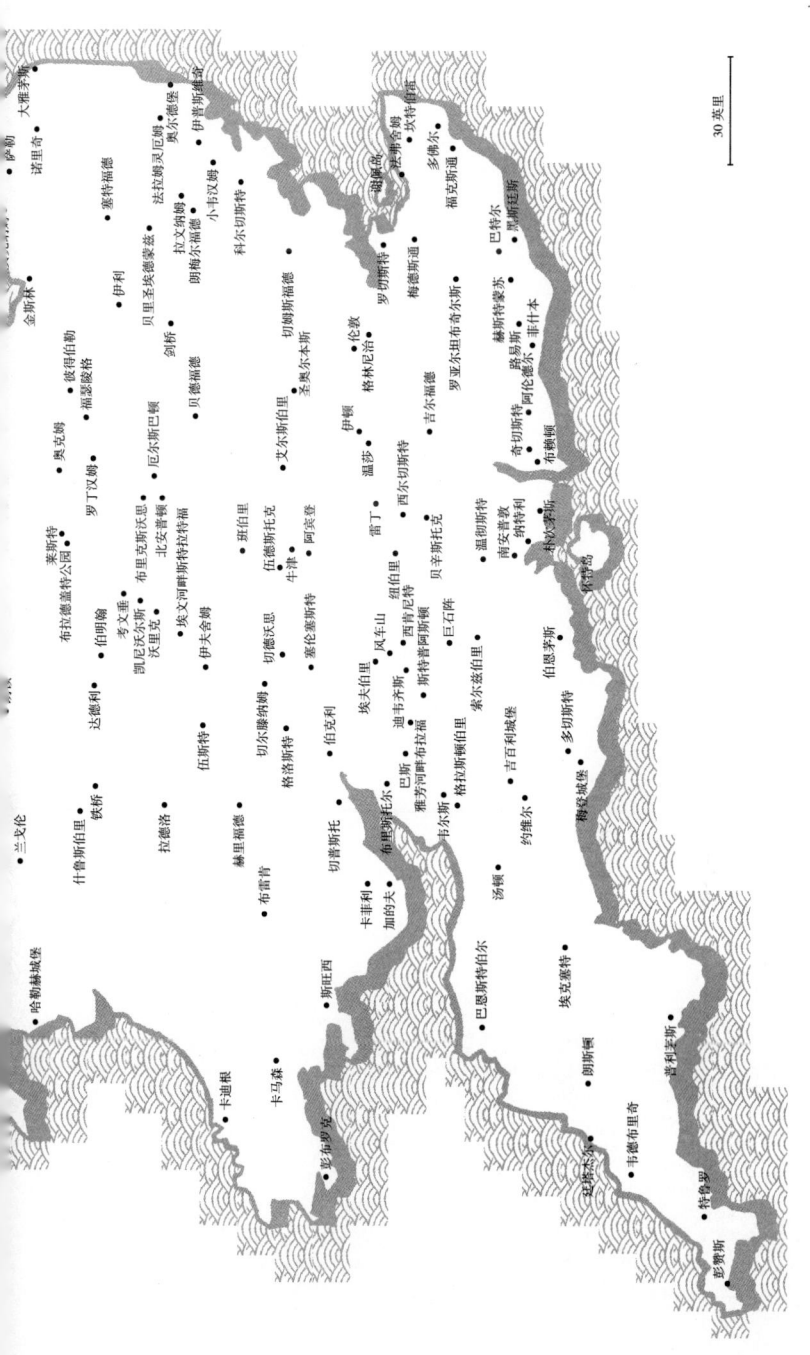

30 英里

- 大雅茅斯
- 诺里奇
- 伊勒
- 金斯林
- 莱斯特
- 布拉德盖特公园
- 彼得伯勒
- 福恩毁格
- 塞特福德
- 贝里圣埃德蒙兹
- 法拉姆灵姆
- 奥克姆
- 罗丁汉姆
- 伯明翰
- 丁德利
- 考文垂
- 凯尼沃思
- 沃里克
- 布克斯沃思
- 北安普顿
- 埃文河畔斯特拉特福
- 伯里
- 新村
- 伍德斯托克
- 牛津
- 剑桥
- 朗梅尔德
- 伊尔斯巴顿
- 尼尔斯巴顿
- 奥尔姆灵姆
- 拉文纳姆
- 科尔切斯特
- 小韦汉姆
- 伊尔切斯特
- 奥弗斯特通
- 福克斯通
- 伊姆
- 巴特廷斯
- 黑斯廷
- 多佛
- 梅德斯通
- 罗切斯特
- 灰特伯雷
- 赫斯廷斯
- 路易斯
- 菲什本
- 什鲁斯伯里
- 铁桥
- 赫里福德
- 拉德洛
- 切尔滕纳姆
- 格洛斯特
- 伯克斯
- 伦敦
- 圣奥尔本斯
- 艾尔斯伯里
- 温莎
- 格林尼治
- 雷丁
- 西尔切斯特
- 贝尔斯托克
- 吉尔福德
- 罗亚尔坦布里奇
- 布赖顿
- 奇切斯特
- 阿伦德尔
- 朴茨茅斯
- 温切斯特
- 南安普敦
- 切斯托
- 布里斯托尔
- 巴斯
- 雅芬河畔布拉
- 格拉斯顿伯里
- 斯托尔
- 约维尔
- 多切斯特
- 吉百利城堡
- 兰戈伦
- 哈勒赫城堡
- 卡迪根
- 卡马森
- 斯旺西
- 加的夫
- 卡菲利
- 汤顿
- 埃克塞特
- 伯恩茅斯
- 梅登城堡
- 巴恩斯特伯尔
- 朗塞顿
- 韦德布里奇
- 圣伊夫斯
- 彭赞斯
- 彭德罗
- 特鲁罗
- 利斯克德

231

英国故事

伦敦市中心的皮卡迪利西大街

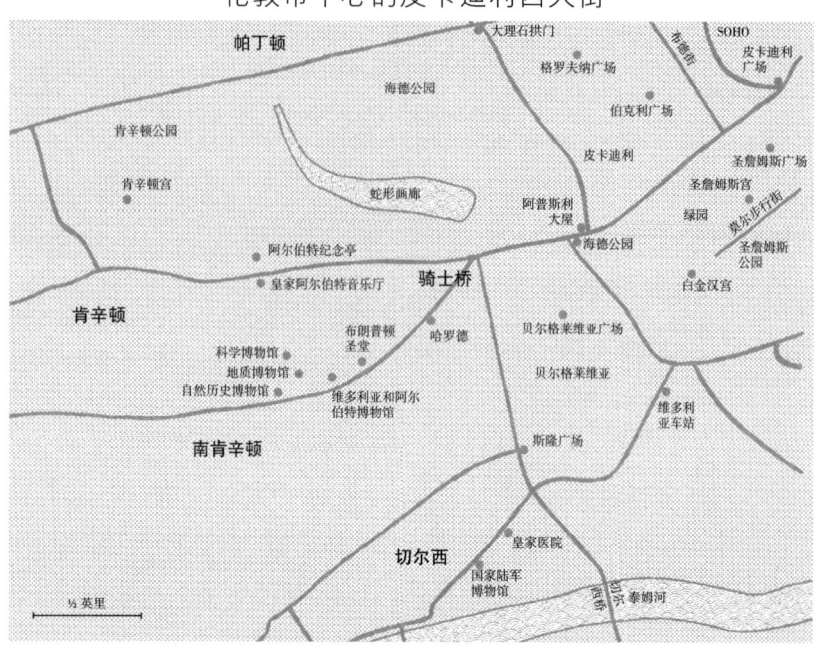

伦敦市中心的皮卡迪利东大街

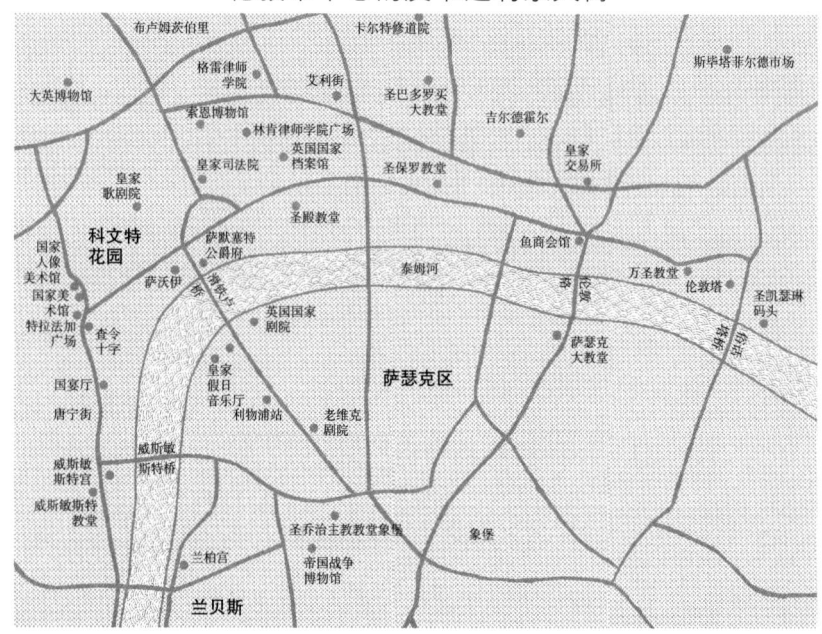

世界大事纪年表

公元前 2660 年 第一座金字塔建成

公元前 2500 年 撒丁岛和法国南部的门希尔雕像

公元前 2330 年—前 2180 年 埃及第六王朝

公元前 1972 年 汉谟拉比继承巴比伦王位

公元前 1750 年 汉谟拉比的"以眼还眼"法律制定

公元前 1595 年 赫梯人占领巴比伦

公元前 1400 年 克诺索斯的毁灭

公元前 1290 年 阿布辛贝神庙开始修建

公元前 1250 年 迈锡尼国王阿伽门农领导希腊人反对特洛伊

公元前 970 年 以色列王所罗门之死

公元前 776 年 第一届奥林匹克运动会

公元前 753 年 罗穆卢斯和雷穆斯建立罗马的传统日期

公元前 594 年 雅典索伦大教堂

公元前 558 年—前 529 年 伟大统治者居鲁士的波斯帝国

公元前 490 年 希腊人在马拉松比赛中击败波斯人

公元前 479 年 孔子之死

公元前 430 年—前 404 年 雅典与斯巴达之间的伯罗奔尼撒战争

公元前 399 年 苏格拉底审判

公元前 347 年 柏拉图之死

公元前 323 年 亚历山大大帝之死

公元前 322 年 亚里士多德之死

公元前 264 年 罗马和迦太基之间的布匿战争开始

公元前 218 年 汉尼拔横穿阿尔卑斯山

公元前 214 年 中国长城完工

公元前 206 年—公元 200 年 中国的汉朝

公元前 59 年 尤利乌斯·恺撒为执政官

公元前 44 年 恺撒被暗杀

公元前 27 年—公元 14 年 屋大维（奥古斯都）的第一个罗马皇帝

30 年 拿撒勒人耶稣被判死刑

64 年 罗马在尼禄时期被焚毁，基督徒受到迫害

70 年 耶路撒冷圣殿毁灭

79 年 庞贝和赫库兰尼姆因维苏威火山喷发而毁灭

105 年 中国发明纸

110—111 年 尤文纳尔的讽刺诗

111—114 年 图拉真的广场建立

117—138 年 哈德良统治时期

124 年 万神殿建于罗马

135 年 占领耶路撒冷

161—180 年 马库斯·奥勒留统治时期

216 年 卡拉卡拉浴场建于罗马

284—305 年 戴克里先统治时期

306—337 年 君士坦丁一世统治时期

330 年 君士坦丁迁都新城市君士坦丁堡

376 年 西哥特人越过多瑙河

410 年 西哥特人洗劫罗马

450 年 亚洲草原使用金属马刺

453 年 匈奴王阿提拉之死

455 年 汪达尔人洗劫罗马城

469 年 西哥特人开始征服西班牙

511 年 法兰克国王克洛维一世之死

529 年 本笃会成立

537 年 圣索菲亚大教堂在君士坦丁堡竣工

619—906 年 中国的唐代

625 年 穆罕默德开始口述《古兰经》

674 年 阿拉伯人进攻君士坦丁堡

711 年 阿拉伯人在西班牙登陆

751 年 最早的印刷书籍，佛教《金刚经》

788 年 科尔多瓦大清真寺开工

800 年 查理曼大帝加冕为西罗马帝国皇帝

860 年 俄国人围攻君士坦丁堡

约 870 年 中国发明火药

880 年 建立基辅

885 年 诺曼人围攻巴黎

889 年 吴哥始建

910 年 克吕尼修道院建成

911 年 维京人罗洛成为诺曼底首位公爵

933 年 德里建立

962 年 奥托一世被加冕为神圣罗马帝国皇帝

987 年 雨果·卡佩在法国登基

992 年 威尼斯和拜占庭之间的第一个商业条约

1035 年 私生子威廉成为诺曼底公爵

1055 年 塞尔柱土耳其人在巴格达

1071 年 耶路撒冷被塞尔柱土耳其人占领

约 1075 年 贝叶挂毯织成

1075—1122 年 圣地亚哥德孔波斯特拉建成

1076 年 诺曼人占领萨莱诺

1085 年 收复被摩尔人夺走的托莱多

1088 年 中国发明水运仪象台

1096—1099 年 第一次十字军东征

约 1100 年《罗兰之歌》,法兰西最早的武功歌(英雄史诗)

1115 年 圣伯纳德创建克莱沃修道院

1116 年 博洛尼亚大学成立

1118 年 圣殿骑士团成立

1130 年 克鲁尼修道院竣工

1135 年 飞扶壁在法国首次使用

1137—1144 年 巴黎圣丹尼斯修道院

1138 年 阿拉伯数字在西方使用

1163 年 巴黎圣母院开始建立

1174 年 埃及的萨拉丁苏丹

1187 年 萨拉丁占领耶路撒冷

1190 年 西方使用航海罗盘

1190 年 条顿骑士团成立

1192 年 源赖朝成为日本幕府将军

1194—1260 年 沙特尔大教堂重建

1200 年 巴黎大学被授予王家特许状

1210 年 中国成吉思汗统领西夏

1210 年 圣方济各创建方济各会修士团

1215 年 多米尼加修士团成立

1215 年 第四拉特兰会议

1222 年 帕多瓦大学成立

1224 年 成吉思汗统治下的蒙古人入侵东欧

1232 年 中国人在战争中使用火箭

1234 年 蒙古人推翻了金朝

约 1236 年 法国宫廷爱情史诗《罗曼·德拉罗斯》

1240 年 蒙古人征服俄罗斯南部

1248 年 卡斯蒂尔人费迪南德从摩尔人手中夺回塞维利亚

1260 年 忽必烈即位，成为蒙古帝国大汗

1267—1273 年 托马斯·阿奎那的《神学全集》

1276 年 可汗忽必烈攻占杭州

1283 年 佛罗伦萨，圣克罗齐教堂，契马布埃的《基督受难图》

1291 年 马穆鲁克攻陷阿克城

约 1300 年 西方制造最早的火药

1306 年 犹太人被驱逐出法国

1309 年 教皇迁往阿维尼翁

1310 年 圣约翰骑士团占领罗德岛

1311 年 杜乔为锡耶纳大教堂创作祭坛画

1321 年 但丁·阿利基利之死

约 1325 年 墨西哥阿兹特克人的崛起

1334 年 乔托开始在佛罗伦萨钟楼上工作

1345 年 佛罗伦萨的维琪奥桥竣工

1349—1351 年 薄伽丘的《十日谈》

1356 年 奥斯曼土耳其入侵欧洲

1368—1644 年 中国的明朝

1377 年 教皇回归罗马

1378 年 大分裂的开始

1402 年 吉贝尔蒂为佛罗伦萨浸礼堂制作门扉浮雕

1404 年 威尼斯控制了维罗纳和维琴察

1408—1409 年 多纳泰罗的《大卫》

1414—1418 年 康斯坦斯议会结束了大分裂

1418 年 布鲁内莱斯基被选中建造佛罗伦萨大教堂的圆顶

1426—1428 年 佛罗伦萨布兰卡奇教堂的马萨乔壁画

1434 年 扬·凡·艾克的《阿尔诺芬尼夫妇像》

1434 年 科西莫·德·美第奇成为佛罗伦萨的统治者

1440 年 弗拉·安吉利科的《天使报喜》,佛罗伦萨圣马可教堂

1442 年 迪亚士到达塞内加尔河口

1450 年 乌切罗的《圣罗马诺之役》

1453 年 土耳其人攻陷君士坦丁堡

1454 年 古腾堡使用活字印刷术印刷《古腾堡圣经》

1454 年 签订《洛迪和约》

1477 年 波提切利的《春》

1480 年 伊凡三世击败金帐汗国

1482 年 托克马达任命调查官为将军

1487 年 迪亚士在好望角巡逻

1492 年 格拉纳达陷落

1492 年 克里斯托弗·哥伦布在西印度群岛登陆

1495 年 达芬奇《最后的晚餐》

1498 年 瓦斯科·达·伽马在印度卡利卡特着陆

1498 年 萨沃纳罗拉被处决

1503—1507 年 达芬奇的《蒙娜丽莎》

1508 年 米开朗基罗创作西斯廷教堂的天顶壁画

1509 年 伊拉斯谟撰写了《愚人颂》

1513 年 马基亚维利完成《君主论》

1517 年 路德的《九十五条论纲》公布于世

1518 年 提香的《圣母升天》

1521 年 阿兹特克帝国灭亡

1521 年 沃尔姆斯会议标志着宗教改革的开始

1527 年 罗马之劫

1529 年 土耳其围攻维也纳

1533 年 印加帝国灭亡

1534 年 耶稣会组织成立

1535 年 卡地亚发现圣劳伦斯河

1536 年 加尔文前往日内瓦

1543 年 哥白尼的《天体运行论》发表,引发自然科学的革命

1553 年 烟草传入欧洲

1570 年 帕拉第奥的《建筑四书》出版

1571 年 勒班陀海战

1572 年 圣巴塞洛缪日大屠杀

1584 年 沃尔特·雷利爵士发现"弗吉尼亚"

1586 年 埃尔·格列柯创作《奥加斯伯爵的葬礼》

1589 年 法国亨利三世被谋杀

1594 年 亨利四世在巴黎即位

1598 年 承认法国新教徒信仰自由的《南特敕令》出台

1605 年 塞万提斯的《堂吉诃德》出版

1609 年 伽利略制作望远镜

1618 年 布拉格的"掷出窗外事件":三十年战争的开始

1619 年 从非洲进口到弗吉尼亚的奴隶

1620 年 白山战役

1624 年 弗兰斯·哈尔斯创作《微笑的骑士》

1626 年 荷兰人发现新阿姆斯特丹(纽约)

1628 年 黎塞留在拉罗歇尔击败胡格诺教派

1631 年 马格德堡之战

1632—1653 年 沙贾汗建造了泰姬陵

1635 年 法兰西学术院成立

1636 年 哈佛大学成立

1637 年 高乃依的《熙德》首演

1640 年 葡萄牙从西班牙统治下获得独立

1641 年 荷兰从葡萄牙夺取马六甲

1642 年 塔斯马尼亚岛被发现，法国人发现蒙特利尔

1642 年 伦勃朗完成《守夜人》

1643 年 路易十四登上法国王位

1644 年 清王朝建立

1648 年 联省共和国独立

1648 年 《威斯特伐利亚和约》结束三十年战争

1657 年 贝尔尼尼开始设计罗马圣彼得大教堂的柱廊

1661 年 路易十四成为法国的绝对统治者

1664 年 奥斯曼土耳其占领匈牙利

1670 年 莫里哀的《贵人迷》首演

1670 年 哈德逊湾公司成立

1674 年 扬三世·索别斯基当选波兰国王

1677 年 拉辛的《费德尔》首演

1685 年 撤销《南特敕令》

1703 年 彼得大帝创建圣彼得堡

1715 年 路易十四逝世；路易十五登上法国王位

1741 年 腓特烈大帝击败奥地利

1755 年 里斯本大地震

1770 年 库克船长发现澳大利亚

1786 年 莫扎特的《费加罗的婚礼》首演

1789 年 法国大革命

1795 年 蒙戈·帕克考察尼日尔河

1796 年 波拿巴参加意大利战役

1804 年 贝多芬创作《英雄交响曲》

1808 年 歌德的《浮士德》出版

1808—1814 年 半岛战争

1812 年 拿破仑从莫斯科撤退

1813 年 拿破仑在莱比锡会战中惨败

1817 年 委内瑞拉在玻利瓦尔领导下独立

1827 年 纳瓦里诺战役

1830 年 巴黎的七月革命

1832 年 希腊独立

1836 年 阿拉莫战役

1847 年 利比里亚独立

1848 年《共产党宣言》发表

1850 年 太平天国运动

1851 年 威尔第的《弄臣》首演

1851 年 麦尔维尔的《白鲸》发表

1852 年 拿破仑三世宣布称帝

1856 年 福楼拜的《包法利夫人》发表

1860 年 加里波第宣布维克托·伊曼纽尔二世为意大利国王

1861—1865 年 美国内战

1862 年 屠格涅夫的《父与子》发表

1864 年 巴斯德发明了巴氏杀菌法

1865 年 林肯遇刺逝世

1869 年 苏伊士运河通航

1870 年 普法战争

1873 年 托尔斯泰的《安娜·卡列尼娜》发表

1874 年 第一届印象派画展

1876 年 贝尔发明电话

1876 年 瓦格纳的《尼伯龙根的指环》首演

1879 年 陀思妥耶夫斯基的《卡拉马佐夫兄弟》开始连载

1879 年 爱迪生发明电灯

1882 年 戴姆勒发明汽油内燃机

1888 年 凡·高创作《向日葵》

1895 年 马可尼发明无线电

1898 年 居里夫人发现镭

1900 年 义和团运动

1904 年 弗洛伊德的《日常生活精神病理学》出版

1904—1905 年 日俄战争

1905 年 爱因斯坦的《相对论》发表

1907 年 毕加索创作《亚威农少女》

1915 年 D.W. 格里菲斯《一个国家的诞生》上映

1917 年 美国加入第一次世界大战

1917 年 俄国革命

1922 年 墨索里尼进军罗马

1924 年 列宁之死；斯大林在苏联掌权

1929 年 华尔街大崩盘

1933 年 希特勒就任德国总理

1937 年 毕加索创作《格尔尼卡》

1939 年 佛朗哥控制马德里

1941 年 威尔斯的《公民凯恩》上映

1941 年 珍珠港事件

1944 年 巴黎解放

1945 年 雅尔塔会议

1945 年 原子弹爆炸

1947 年 印度、巴基斯坦、缅甸独立

1949 年 中华人民共和国成立

1949 年 北大西洋公约组织成立

1950 年 朝鲜战争爆发

1953 年 斯大林去世

1957 年《罗马条约》签订

1958 年 戴高乐就任法国总统

1962 年 古巴导弹危机

1963 年 肯尼迪被暗杀

1963 年 越南发生政变

1967 年 第三次中东战争

1968 年 苏联入侵捷克斯洛伐克

1969 年 人类登上月球

1979 年 阿富汗战争开始

1980 年 两伊战争爆发

1985 年 戈尔巴乔夫在苏联掌权

1989 年 柏林墙倒塌

1990 年 伊拉克入侵科威特

1991 年 海湾战争

1992 年《马斯特里赫特条约》签署，欧洲共同体转变为欧洲联盟

1995 年 巴尔干半岛战争

1997 年 香港回归中国

1999 年 欧元发行

2001 年 9 月 11 日 美国发生恐怖袭击

2001 年 联军入侵阿富汗

2002 年 巴厘岛爆炸案

2003 年 美军入侵伊拉克

2004 年 印度洋海啸
2005 年 卡特里娜飓风袭击美国
2008 年 贝拉克·奥巴马成为美国总统
2008 年 全球金融危机
2010 年 海地地震
2010 年 英国石油公司墨西哥湾漏油事件
2010 年 阿拉伯之春开始
2011 年 伊丽莎白女王二世访问爱尔兰共和国
2011 年 英国军队离开伊拉克
2011 年 奥萨马·本·拉登死亡
2011 年 国际社会干预利比亚局势
2013 年 英国军队撤离阿富汗
2015 年 巴黎遭极端分子袭击

英国大事纪年表

公元前 5000 年—前 2500 年 新石器时代的英国

约公元前 3650 年 西肯尼特长坟堡建成

公元前 2500 年—前 1600 年 早期和中期青铜时代

公元前 2200 年—前 1300 年 巨石阵建成

公元前 2000 年—前 1600 年 埃夫伯里巨石阵竖立

公元前 2000 年 宽口陶器人移民

公元前 1600 年—公元 43 年 铁器时代

公元前 1000 年 第一座山丘堡垒建成

约公元前 800 年 凯尔特人的迁涉

公元前 100 年 贝尔盖人的迁涉

公元前 55 年 尤利乌斯·恺撒第一次远征英国

公元前 50 年 不列颠酋长卡西维拉努斯

43 年 罗马入侵大不列颠岛

49 年 科尔切斯特建立

约 50 年 伦敦建立

51 年 卡拉克塔克斯国王被打败

61 年 布狄卡领导的艾西尼叛乱

70—84 年 征服威尔士和北部

约 75 年 奇切斯特菲什本罗马宫殿建成

78—约 85 年 不列颠阿格里科拉总督

122 年 哈德良长城开始建立

约 140 年 建于维鲁拉米恩(圣奥尔本斯)的剧院

约 142 年 安东尼长城在苏格兰开建

185 年 安东尼长城被废置

195—197 年 不列颠总督阿尔比努斯篡位

197 年 野蛮人占领了哈德良长城

约 208 年 哈德良长城由塞普蒂米乌斯·塞维鲁重建

287—296 年 在英国,卡劳修斯和阿列克图斯篡位

306 年 君士坦丁大帝在约克称帝

407 年 君士坦丁三世在不列颠称帝

409 年 最后的罗马军团离开

约 450 年 罗马和不列颠之间的联系中断

约 450 年 亨吉斯特和霍萨在肯特定居

约 455 年 亨吉斯特反客为主杀死沃蒂根

约 470 年 撒克逊人定居在苏塞克斯

约 495 年 撒克逊人在威塞克斯定居

约 510 年 巴登山战役

597 年 奥古斯丁的到来

664 年 惠特比主教会议

668 年 西奥多大主教到达

672 年 赫特福德会议

约 672 年 默西亚的崛起

约 698 年《林迪斯法恩福音书》

735 年 彼得去世

757 年 奥法成为默西亚国王

约 793 年 维京海盗首次袭击英国

约 800 年 古英语史诗《贝奥武夫》

829 年 诺森伯兰人臣服于西撒克逊国王爱格伯特

867 年 诺森伯兰落入丹麦人之手

871 年 阿尔弗雷德国王即位

878 年 阿尔弗雷德打败了丹麦人

886 年 丹麦区在英格兰北部建立

891 年《盎格鲁-撒克逊编年史》开始

960 年 圣邓斯坦成为坎特伯雷大主教

973 年 埃德加被英国王子承认为他们的君主

991 年 第一次征收丹麦赋税

1016 年 克努特被选为国王

1042 年 忏悔者爱德华成为国王

1065 年 威斯敏斯特大教堂祝圣

1066 年 黑斯廷斯战役

1066 年 威廉一世在威斯敏斯特大教堂加冕

1071 年 伊利岛主"觉醒者"赫里沃德对抗威廉

1086 年《末日审判书》

1087 年 威廉二世即位

1093 年 安瑟姆成为大主教

1095 年 圣伍尔夫斯坦之死

1100 年 亨利一世即位

1128 年 玛蒂尔达女王嫁给安茹的杰弗里

1135 年 斯蒂芬继位

1139 年 忏悔者爱德华被册封为圣徒

1139—1153 年 内战

1141 年 斯蒂芬被捕获

1152 年 安茹的亨利二世与阿基坦的埃莉诺结婚

1153 年 安茹的亨利入侵英国

1154 年 亨利二世即位

1162 年 坎特伯雷大主教托马斯·贝克特

1170 年 贝克特被谋杀

1173 年 苏格兰国王威廉入侵英格兰北部；贝克特被正式宣布为圣徒

1189 年 理查德一世即位

1193 年 理查德一世被囚禁在德国

1193 年 坎特伯雷大主教休伯特·沃尔特

1195 年 治安法官办公室成立

1195 年 理查德一世在法国参战

1199 年 约翰国王即位

1207 年 斯蒂芬·朗顿成为坎特伯雷大主教

1208—1214 年 英国被教皇下令禁止参加宗教活动

1209 年 约翰国王被逐出教会

1214 年 在布瓦因战役中，法国国王菲利普二世奥古斯都与奥托四世皇帝和佛兰德斯伯爵结盟击败约翰国王

1215 年 英国内战；约翰国王被迫签署《大宪章》

1216 年 法国军队在肯特登陆

1216 年 亨利三世即位

1221—1224 年 多米尼加和方济各到达英国

1240 年 卢埃林之死

1258 年《牛津条例》颁布

1259 年 法国和英国签订《巴黎条约》

1264 年 刘易斯战役，亨利三世被俘

1265 年 以弗沙姆战役

1272 年 爱德华一世即位

1282 年 卢埃林二世去世

1282—1283 年 爱德华征服威尔士

1290 年 犹太人被驱逐出英国

1295 年 模范会议召开

1296 年 爱德华一世入侵苏格兰

1306 年 罗伯特·布鲁斯叛乱

1307 年 爱德华二世即位

1314 年 班诺克本海战

1321—1322 年 内战

1327 年 爱德华三世即位

1337 年 百年战争开始

1340 年 斯鲁伊斯战役

1347 年 加来被攻占

1348 年 黑死病爆发

1356 年 普瓦捷会战

1370 年 黑王子在利摩日展开大屠杀

1376 年 黑王子逝世

1377 年 理查德二世即位

1381 年 农民起义

1399 年 亨利四世即位

1400 年 欧文·格伦道尔叛乱

1413 年 亨利五世即位

1415 年 阿金库尔战役

1420 年《特鲁瓦条约》签订

1420 年 亨利五世娶了瓦卢瓦的凯瑟琳

1422 年 亨利六世即位

1430 年 圣女贞德被焚致死

1436 年 英国人撤出巴黎

1445 年 亨利六世与安茹的玛格丽特结婚

1453 年 百年战争结束

1455 年 玫瑰战争爆发

1459 年 约克公爵战败

1461 年 爱德华四世登基

1471 年 爱德华四世在图克斯伯里战役中击败沃里克伯爵

1471 年 亨利六世去世

1483 年 爱德华四世去世；理查德三世即位

1485 年 博斯沃思战役

1485 年 亨利七世即位

1487 年 兰伯特·西姆内尔叛乱

1497 年 约翰·卡伯特发现纽芬兰

1509 年 亨利八世即位

1513 年 弗洛登战役

1515 年 沃尔西被任命为英国大法官

1529 年 康布雷和平会谈

1533 年 亨利八世与安妮·博林结婚

1534 年《至尊法案》

1535 年 莫尔和费希尔被处死

1536—1540 年《解散修道院法令》

1547 年 爱德华六世即位

1549 年 第一本祈祷书问世

1553 年 玛丽一世即位

1554 年 怀亚特叛乱

1558 年 伊丽莎白一世即位

1559 年 卡托-康布雷齐和约签订

1568 年 玛丽·斯图亚特到达英格兰

1569 年 北方伯爵叛乱

1570 年 伊丽莎白一世被逐出教会

1587 年 玛丽·斯图亚特被处决

1588 年 西班牙无敌舰队远征英国

1600 年 东印度公司成立

1601 年 埃塞克斯反叛

1603 年 詹姆斯一世即位

1605 年 火药阴谋事件

1609 年 爱尔兰发生叛乱

1611 年 詹姆斯一世第一次解散议会

1620 年 清教徒移民到新英格兰

1624—1630 年 与西班牙的战争

1625 年 查理一世即位

1626—1629 年 与法国的战争

1628 年《权利请愿书》

1629 年 查理一世解散国会

1640 年 召开长期议会

1641 年《大抗议书》

1642 年 查理一世逮捕 5 名议员，引发内战

1642 年 内战爆发

1642 年 埃奇希尔战役

1644 年 马斯顿荒原之战

1645 年 纳西比战役

1648 年 普雷斯顿战役

1649 年 查理一世被送上断头台

1649—1650 年 克伦威尔征服爱尔兰

1650 年 克伦威尔入侵苏格兰

1651 年 伍斯特战役

1652 年 第一次英荷战争

1653 年 克伦威尔成为护国公

1658 年 理查德·克伦威尔继承父位

1659 年 理查德·克伦威尔被军队推翻

1660 年 查尔斯二世复辟，英国恢复君主制

1665—1666 年 大瘟疫暴发

1666 年 伦敦大火

1667 年 发生在地中海的英荷战争

1674 年 英荷战争结束

1685 年 詹姆斯二世即位

1688 年 光荣革命

1689 年 威廉三世和玛丽二世共同加冕

1701 年 西班牙王位继承战争开始

1702 年 安妮即位

1704 年 布莱尼姆战役

1707 年 英格兰与苏格兰联合

1714 年 乔治一世即位

1715 年 詹姆斯二世党人的叛乱

1720 年 南海泡沫事件

1727 年 乔治二世即位

1742 年 罗伯特·沃波尔被迫辞职

1745 年 詹姆斯二世党人的叛乱

1756 年 七年战争开始

1757 年 普拉西战役

1759 年 占领魁北克

1760 年 乔治三世即位

1763 年 巴黎和平协约

1773 年 波士顿倾茶事件

1776 年 美国《独立宣言》

1780 年 戈登骚乱

1781 年 英军在约克镇投降

1783 年 英国承认美国独立

1784 年 卫理公会教堂建立

1803 年 英法战争

1805 年 特拉法加战役

1811 年 勒德分子动乱

1815 年 滑铁卢战役

1819 年 彼得卢大屠杀

1820 年 乔治四世即位

1829 年 天主教解放法案

1832 年 《大改革法案》

1833 年 《工厂法案》

1833 年 大英帝国废除奴隶制

1834 年 运送"托尔普德尔殉道者"

1836 年 宪章运动开始

1837 年 维多利亚女王即位

1838 年 创建反《谷物法》联盟

1840 年 便士邮政出现

1846 年 废除《谷物法》

1851 年 世博会

1854 年 克里米亚战争

1857 年 第二次鸦片战争

1857 年 印度民族起义

1868 年 迪斯雷利成为首相

1868 年 格拉德斯通建立第一届自由政府

1872 年 工会合法化

1876 年 维多利亚女王加冕为印度女皇

1879 年 祖鲁战争

1880 年 第一次布尔战争

1882 年 英国占领埃及

1885 年 戈登在喀土穆被杀

1893 年《爱尔兰自治法案》被上议院否决

1896 年 苏丹被征服

1899 年 第二次英布战争

1901 年 爱德华七世即位

1904 年《英法协约》

1911 年 第一份《国民健康保险法案》出台

1914—1918 年 第一次世界大战

1916 年 索姆河战役和日德兰海战

1917 年 帕斯尚尔战役

1919 年 签订《凡尔赛条约》

1924 年 第一届工党政府

1926 年 大罢工

1928 年 21 岁以上妇女具有选举权

1931 年 拉姆齐·麦克唐纳重组国民政府

1931 年 放弃金本位制

1938 年 张伯伦和希特勒在慕尼黑签署协定

1939—1945 年 第二次世界大战

1940 年 不列颠之战

1940 年 丘吉尔成为首相

1940 年 敦刻尔克大撤退

1942 年 阿拉曼战役

1944 年 美英盟军在法国诺曼底登陆

1945 年 艾德礼工党政府上台

1951 年 英国伦敦艺术节

1956 年 苏伊士运河事件

1959 年 英国第一条高速公路

1973 年 加入欧盟

1974 年 矿工罢工

1980 年 北海石油让英国自给自足

1982 年 马岛战争

1983 年 玛格丽特·撒切尔领导保守党再次胜选

1987 年 撒切尔第三次当选

1990 年 撒切尔夫人辞去首相职务；约翰·梅杰出任英国首相

1992 年 约翰·梅杰领导保守党赢得大选

1992 年 英国退出欧洲汇率机制

1994 年 英吉利海峡隧道开通

1994 年 英格兰国教会任命女主教

1996 年 邓布兰惨案

1996 年 疯牛病危机

1997 年 托尼·布莱尔领导工党赢得大选

1997 年 戴安娜王妃去世

1998 年《耶稣受难日协议》获得批准

1998 年 奥马被"爱尔兰共和军"轰炸

1999 年 苏格兰议会在霍利鲁德宫开始

2001 年 工党在大选中失败

2005 年《民事伴侣法案》生效

2005 年 7 月 7 日 伦敦地铁爆炸案

2005 年 工党第三次连任

2005 年 爱尔兰共和军解除武装行动
2007 年 戈登·布朗接替托尼·布莱尔成为英国首相
2009 年 调查报销丑闻议员
2010 年 大选中"无多数议会"诞生
2011 年 威廉王子与凯瑟琳·米德尔顿结婚
2014 年 英国拒绝苏格兰独立公投
2015 年 保守党赢得大选
2016 年 英国举行"脱欧"公投

英国的艺术、建筑和文学

约 1070 年 温莎城堡开始建造

1070 年 坎特伯雷大教堂重建

1078—1098 年 伦敦塔建成

1093 年 达勒姆大教堂过道的拱顶建成

1097 年 威斯敏斯特大厅开始修建

1121—1154 年《彼得伯勒编年史》(包括斯蒂芬国王去世前的编年史)

1123 年 伦敦圣巴塞洛缪医院建立

1125 年 马姆斯伯里的威廉发行《盎格鲁主教史》

1131—1132 年 廷特恩修道院、里沃兹修道院和喷泉修道院成立

1133 年 第一届圣巴塞洛缪集市

1154 年 蒙茅斯的杰弗里完成《不列颠诸王史》

约 1154 年 约克大教堂开始兴建

1165—1179 年 温莎城堡石砌而成

约 1175 年 威尔斯大教堂开始建造

1180 年 尾柱舵问世

1181—1187 年 多佛城堡建成

1185 年 第一架有记录的风车

1195 年 利奇菲尔德大教堂开始建造

1209 年 伦敦桥用石头建成

1220 年 索尔兹伯里大教堂开始建造

约 1223 年 罗伯特·格罗斯泰斯特成为牛津大学第一任校长

1235 年 皇家动物园在伦敦塔开放

1236 年 马修·帕里斯接替文多佛的罗杰成为圣奥尔班修道院的编年史家

1247 年 伯利恒皇家医院（后来的疯人院）建立

1249 年 牛津大学成立

1267—1268 年 罗杰·培根的作品《大著作》是对当前科学知识的总结

1275 年 伦敦海关大楼在老西码头建立

1284 年 剑桥大学彼得学院成立

1296 年 爱德华一世把斯昆石带到威斯敏斯特

1326 年 牛津大学奥里尔学院成立

1337 年 爱德华二世墓、格洛斯特大教堂开始建造

1347 年 剑桥彭布罗克学院成立

1348 年 设立嘉德勋章

约 1350 年《高文爵士和绿衣骑士》流传

约 1362 年 朗格兰的叙事长诗《农夫皮尔斯》

1379 年 牛津大学新学院成立

1380 年 威克利夫翻译《圣经》

1386 年 索尔兹伯里大教堂大钟

1387 年 威克汉姆的威廉创建温彻斯特学院

1387—1400 年 乔叟创作《坎特伯雷故事集》

1390 年 约翰·高尔完成《一个情人的忏悔》

1392 年 韦尔斯大教堂竖起钟表

约 1400 年 威尔顿双联画

约 1420 年 格洛斯特大教堂的扇形穹顶建成

1422—1529 年《帕斯顿家族通信集》

1422 年 林肯律师学院最早记录

1440 年 伊顿公学创办

1446 年 剑桥国王学院礼拜堂开始建造

1469—1470 年 马洛里的《亚瑟王之死》

1473 年 剑桥圣凯瑟琳学院成立

1474 年 威廉·卡克斯顿印刷第一本英语书

约 1475 年 温莎城堡的圣乔治礼拜堂开始修建

1510 年 约翰·科莱创建圣保罗学校

1515 年 汉普顿宫开始兴建

1516 年 莫尔出版《乌托邦》

约 1519 年 威斯敏斯特大教堂亨利七世礼拜堂竣工

1536 年 霍尔拜因创作《亨利八世》

1546 年 牛津基督教堂学院成立

1555 年 牛津大学三一学院和圣约翰学院成立

1563 年 福克斯的《殉道史》出版

1570 年 皇家交易所开张

1572 年 伯德和塔利斯在皇家教堂任管风琴师

1587 年 玫瑰剧院建成

1589 年 理查德·哈克卢伊特出版《英吉利民族的主要航海、航行、交往和发现》

1590 年 菲利普·锡德尼的《阿卡迪亚》出版

1590—1596 年 斯宾塞完成《仙后》

1590 年 克里斯托弗·马洛的《帖木儿大帝》出版

约 1590 年 莎士比亚开始创作《亨利六世》

约 1594 年 莎士比亚创作《罗密欧与朱丽叶》

约 1598 年 莎士比亚创作《亨利五世》

1598 年 本·琼森创作《人各有癖》

1599 年 环球剧场竣工

1600 年 威廉·吉尔伯特出版《论磁石》

1601 年 莎士比亚创作《哈姆雷特》

1602 年 博德利图书馆开放

1605—1606 年 莎士比亚创作《李尔王》与《麦克白》

1611 年 钦定版《圣经》出版

约 1611 年 莎士比亚创作《暴风雨》

1616 年 莎士比亚之死

1622 年 伊尼戈·琼斯设计的白厅的宴会厅建成

1624 年 牛津大学彭布罗克学院创立

1628 年 哈维解释血液循环

1631—1633 年 圣保罗大教堂柯芬园广场建成

1632 年 凡·戴克被查理一世任命为宫廷首席画师

1633—1640 年 威尔顿庄园建成

约 1640 年 格林威治女王宫竣工

1641 年 约翰·伊夫林开始他的日记

1644 年 弥尔顿为捍卫言论自由而写的《论出版自由》

1651 年 霍布斯写成《利维坦》

1660 年 德莱顿创作《伸张正义》

1660 年 英国皇家学会成立

1667 年 弥尔顿的《失乐园》发表

1675 年 威彻利的《乡下女子》首演

1678 年 班扬的《天路历程》出版

1687 年 牛顿发表《自然哲学的数学原理》

1694 年 英格兰银行设立

1705 年 布莱尼姆宫开始建造

1710 年 圣保罗大教堂竣工

1719 年 笛福的《鲁滨逊漂流记》出版

1726 年 斯威夫特的《格列佛游记》出版

约 1729 年 亚历山大·蒲柏的《愚人志》出版

1742 年 亨德尔的《弥赛亚》首演

1749 年 菲尔丁的《汤姆·琼斯》出版

1753 年 大英博物馆成立

1761 年 劳伦斯·斯特恩的《项狄佳》发表

1768 年 皇家艺术学院成立，乔舒亚·雷诺兹爵士出任首任院长

1769 年 瓦特改良蒸汽机

1776 年 爱德华·吉本的《罗马帝国衰亡史》第一卷出版

1776 年 亚当·斯密的《国富论》出版

1796 年 发明天花疫苗

1798 年 马尔萨斯创立"人口理论"

1805 年 华兹华斯创作《前奏》

1813 年 奥斯汀的《傲慢与偏见》出版

1819—1824 年 拜伦创作《唐璜》

1821 年 康斯太勃尔创作《干草车》

1824 年 国家美术馆成立

1829 年 斯蒂芬森制造"火箭号"蒸汽机车

1831 年 法拉第发现电磁感应原理

1839 年 透纳创作《被拖去解体的战舰无畏号》

1842 年 丁尼生创作歌谣《夏洛特夫人》

1847 年 夏洛蒂·勃朗特的《简·爱》发表

1847 年 艾米莉·勃朗特的《呼啸山庄》发表

1848 年 萨克雷完成《名利场》

1848 年 麦考利完成《英格兰历史》

1848 年 约翰·穆勒发表《政治经济学原理》

1849 年 狄更斯的《大卫·科波菲尔》开始发表

1855 年 特罗洛普的《养老院院长》发表

1859 年 达尔文的《物种起源》发表

1860 年 巴里设计的议会大厦基本竣工

1871 年 皇家阿尔伯特音乐厅开始启用

1872 年 乔治·艾略特的《米德尔马契》出版

1878 年 王尔德创作《温德米尔夫人的扇子》

1894 年 萧伯纳发表《武器和人》

1895 年 亨利·伍德创立逍遥音乐节

1895 年 哈代的《无名的裘德》出版

1899 年 埃尔加创作《谜语变奏曲》

1904 年 康拉德《海岸的故事》出版

1913 年 劳伦斯完成《儿子和情人》

约 1920 年 卢瑟福提出中子假说

1922 年 艾略特的《荒原》发表

1922 年 乔伊斯的《尤利西斯》出版

1926 年 贝尔德发明了电视

1930 年 伊夫林·沃出版《邪恶的躯体》

1932 年 BBC 广播大楼完工

1937 年 惠特尔发明的喷气发动机首次运转成功

1940 年 格林的《权力与荣耀》出版

1945 年 亨利·摩尔开始创作"家庭群像"

1949 年 奥威尔的《1984》出版

1951 年 莱斯利·马丁设计的皇家节日大厅启用

1953 年 培根依照委拉斯凯兹的《教皇诺森十世像》创作了一系列教皇肖像画

1954 年 艾米斯的《幸运的吉姆》发表

1956 年 奥斯本《愤怒的回顾》首演

1962 年 考文垂大教堂重新开放

1976 年 拉斯顿设计的国家剧院竣工

1983 年 伯勒尔收藏博物馆在格拉斯哥开幕

1983 年 威廉·戈尔丁获得诺贝尔文学奖

1986 年 理查德·罗杰斯设计的伦敦劳埃德保险公司大厦落成

1991 年 蒂姆·伯纳斯 – 李编写的网页浏览器向公众开放

1991 年 海伦·沙曼，第一位英国宇航员

1992 年 达米安·赫斯特的作品《生者对死者无动于衷》展出

1992 年 英超联赛确立

1993 年 欧文·威尔士小说《猜火车》出版

1996 年 第一只克隆羊多利羊诞生

1997 年 J.K. 罗琳的《哈利·波特与魔法石》出版

1997 年 "感觉"展览

1997 年 科林·圣约翰·威尔逊设计的大英图书馆开放

2000 年 诺曼·福斯特设计千禧桥

2000 年 泰特现代美术馆成立

2000 年 真人秀《老大哥》第一季诞生

2000 年 扎迪·史密斯的《白牙》出版

2002 年 伊丽莎白二世的登基五十周年庆典

2003 年 Twenty20 板球比赛设立

2004 年 诺曼·福斯特因圣玛莉艾克斯 30 号大楼（俗称"小黄瓜"）获建筑大奖

2004 年 艾伦·贝内特《历史系男孩》首映

2006 年 理查德·道金斯《上帝错觉》出版

2010 年 社交媒体的崛起

2012 年 伦敦奥运会

2012 年 伦佐·皮亚诺设计的"碎片大厦"竣工

2014 年 保罗·康明斯和汤姆·派珀完成"血染的土地和红色的海洋"陶筑罂粟展

2015 年 班克斯的"迪士马乐园"项目

历任首相

乔治二世统治时期（1727—1760 年）

1727 年 罗伯特·沃尔波尔

1742 年 维明顿伯爵

1744 年 亨利·佩勒姆

1754 年 纽卡斯尔公爵

1756 年 德文郡公爵

1757 年 纽卡斯尔公爵

乔治三世统治时期（1760—1820 年）

1760 年 纽卡斯尔公爵

1762 年 布特伯爵

1763 年 乔治·格伦维尔

1765 年 罗金汉侯爵

1766 年 查塔姆勋爵

1768 年 格拉夫顿公爵

1770 年 诺思勋爵

1782 年 3 月 27 日 罗金汉侯爵

1782 年 7 月 4 日 谢尔本勋爵

1783 年 4 月 2 日 波特兰公爵

1783 年 12 月 19 日 小威廉·皮特

1801 年 亨利·阿丁顿

1804 年 小威廉·皮特

1806 年 查尔斯·福克斯

1807 年 波特兰公爵

1809 年 斯潘塞·帕西瓦尔

1812 年 利物浦勋爵

乔治四世统治时期（1820—1830 年）

1820 年 利物浦勋爵（保守党）

1827 年 4 月 10 日 乔治·坎宁（保守党联盟）

1827 年 8 月 31 日 戈德里奇勋爵（保守党）

1828 年 威灵顿公爵（保守党）

威廉四世统治时期（1830—1837 年）

1830 年 威灵顿公爵（保守党）

1830 年 11 月 22 日 格雷伯爵（辉格党）

1834 年 墨尔本勋爵（辉格党）

1834 年 11 月 17 日 威灵顿公爵（保守党）

1834 年 12 月 10 日 罗伯特·皮尔（保守党）

1835 年 墨尔本勋爵（辉格党）

维多利亚女王统治时期（1837—1901 年）

1837 年 墨尔本勋爵（辉格党）

1841 年 罗伯特·皮尔（保守党）

1846 年 约翰·罗素勋爵（辉格党）

1852 年 2 月 23 日 德比勋爵（保守党）

1852 年 12 月 19 日 阿伯丁勋爵（保守党联盟）

1855 年 帕默斯顿勋爵（辉格党）

1858 年 德比伯爵（保守党）

1859 年 帕默斯顿子爵（辉格党）

1865 年 罗素勋爵（辉格党）

1866 年 德比伯爵（保守党）

1868 年 2 月 27 日 本杰明·迪斯雷利（保守党）

1868 年 12 月 3 日 威廉·尤尔特·格拉斯顿（自由党）

1874 年 本杰明·迪斯雷利（保守党）

1880 年 威廉·尤尔特

1885 年 索尔兹伯里勋爵（保守党）

1886 年 2 月 1 日 威廉·尤尔特·格拉斯顿（自由党）

1886 年 7 月 25 日 索尔兹伯里勋爵（保守党）

1892 年 威廉·尤尔特·格拉斯顿（自由党）

1894 年 罗斯伯里勋爵（自由党）

1895 年 索尔兹伯里勋爵

爱德华七世统治时期（1901—1910 年）

1901 年 索尔兹伯里勋爵（保守党）

1902 年 阿瑟·贝尔福（保守党）

1905 年 亨利·坎贝尔 – 班纳曼（自由党）

1908 年 赫伯特·亨利·阿斯奎斯（自由党）

乔治五世统治时期（1910—1936 年）

1910 年 赫伯特·亨利·阿斯奎斯（1915 年 5 月起组成联合政府）

1916 年 劳合 – 乔治（联合政府）

1922 年 安德鲁·博纳尔·劳（保守党）

1923 年 斯坦利·鲍德温（保守党）

1924 年 1 月 27 日 詹姆斯·拉姆齐·麦克唐纳（工党）

1924 年 11 月 4 日 斯坦利·鲍德温（保守党）

1929 年 詹姆斯·拉姆齐·麦克唐纳（工党）

1935 年 斯坦利·鲍德温（国民政府）

爱德华八世统治时期（1936 年）

1936 年 斯坦利·鲍德温（保守党）

乔治六世统治时期（1936—1952 年）

1936 年 斯坦利·鲍德温（国民政府）

1937 年 内维尔·张伯伦（国民政府）

1940 年 温斯顿·丘吉尔（联合政府）

1945 年 克莱门特·艾德礼（工党）

1951 年 温斯顿·丘吉尔（保守党）

伊丽莎白二世统治时期（1952— ）

1952 年 温斯顿·丘吉尔（保守党）

1955 年 安东尼·伊登（保守党）

1957 年 哈罗德·麦克米伦（保守党）

1963 年 亚历克·道格拉斯·霍恩爵士（保守党）

1974 年 哈罗德·威尔逊（工党）

1970 年 爱德华·希思（保守党）

1974 年 哈罗德·威尔逊（工党）

1976 年 詹姆斯·卡拉汉（工党）

1979 年 玛格丽特·撒切尔（保守党）

1990 年 约翰·梅杰（保守党）

1997 年 托尼·布莱尔（工党）

2007 年 戈登·布朗（工党）

2010 年 戴维·卡梅伦（联合政府）
2015 年 戴维·卡梅伦（保守党）
2016 年 特雷莎·梅（保守党）
2019 年 鲍里斯·约翰逊（保守党）

自 1937 年《君主立宪制法案》颁布以来的反对派领导人
1937—1945 年 克莱门特·艾德礼
1945—1951 年 温斯顿·丘吉尔
1951—1955 年 克莱门特·艾德礼
1955—1963 年 休·盖茨克尔
1963—1964 年 哈罗德·威尔逊
1965—1970 年 爱德华·希斯
1970—1974 年 哈罗德·威尔逊
1974—1975 年 爱德华·希斯
1975—1979 年 玛格丽特·撒切尔
1980—1983 年 迈克·福特
1983—1992 年 尼尔·金诺克
1992—1994 年 约翰·史密斯
1994—1997 年 托尼·布莱尔
1997 年　　　约翰·梅杰
1997—2001 年 威廉·黑格
2001—2003 年 伊恩·邓肯史·密斯
2003—2005 年 迈克尔·霍华德
2010—2015 年 埃德·米利班德
2015—　　　杰瑞米·柯柏恩

《牛津插图英国史》(*The Oxford Illustrated History of Britain*, Kenneth O. Morgan 编，1984）也许是一卷本的英国史中最好的一本，它比这本书涵盖的范围更广。其他可以推荐的有 R.J. 怀特的《英格兰简史》(*A Short History of England*, 修订版，1962 年）、保罗·约翰逊的《英国人的历史》(*A History of the English People*, 修订版，1985 年）、贾斯珀·里德利的《英格兰历史》(1950 年）、E.L. 伍德沃德的《英格兰历史》(*A History of England*, 第三版，1965 年）和休·科尔尼的《不列颠群岛：四国史》(*The British Isles: A History of Four Nations*, 1989 年）。经典著作有麦考利勋爵的《英格兰历史》(*History of England*, 平装版，1986 年）和 G.M. 特雷维良的《英格兰简史》(*A Shortened History of England*, 平装版，1987 年）。

有三本插图丰富的好书是 F.E. 哈利德的《英格兰简史》(*A Concise History of England*, 修订版，1980 年）、约翰·伯克的《英格兰图解史》(*An Illustrated History of England*, 新版，1985 年）和大卫·麦克道尔的《英国插图史》(*An Illustrated History of Britain*, 1989 年）。

三部社会史分别是莫里斯·阿什利的《英格兰人民》(*The People of England*, 1982 年）、阿萨·布里格斯的《英格兰社会史》(*A Social History of England*, 1983 年）和我自己的《英语：一部社会史（1066—1945）》(*The English: A Social History: 1066—1945*, 1987 年）。克里斯托弗·泰勒修订了 W. G. 霍斯金斯的《英国景观

的形成》(*The Making of The English Landscape*, 1988 年)。

为了对全书进行更为细致的处理,我参考了恢弘的十五卷本《牛津英格兰史》(*Oxford History of England*),其中第一卷《一个有礼貌和商业的民族:英格兰 1727—1783》(*A Polite and Commercial People: England*,1727—1783)出版于 1989 年。

克里斯托弗・希伯特
1992 年

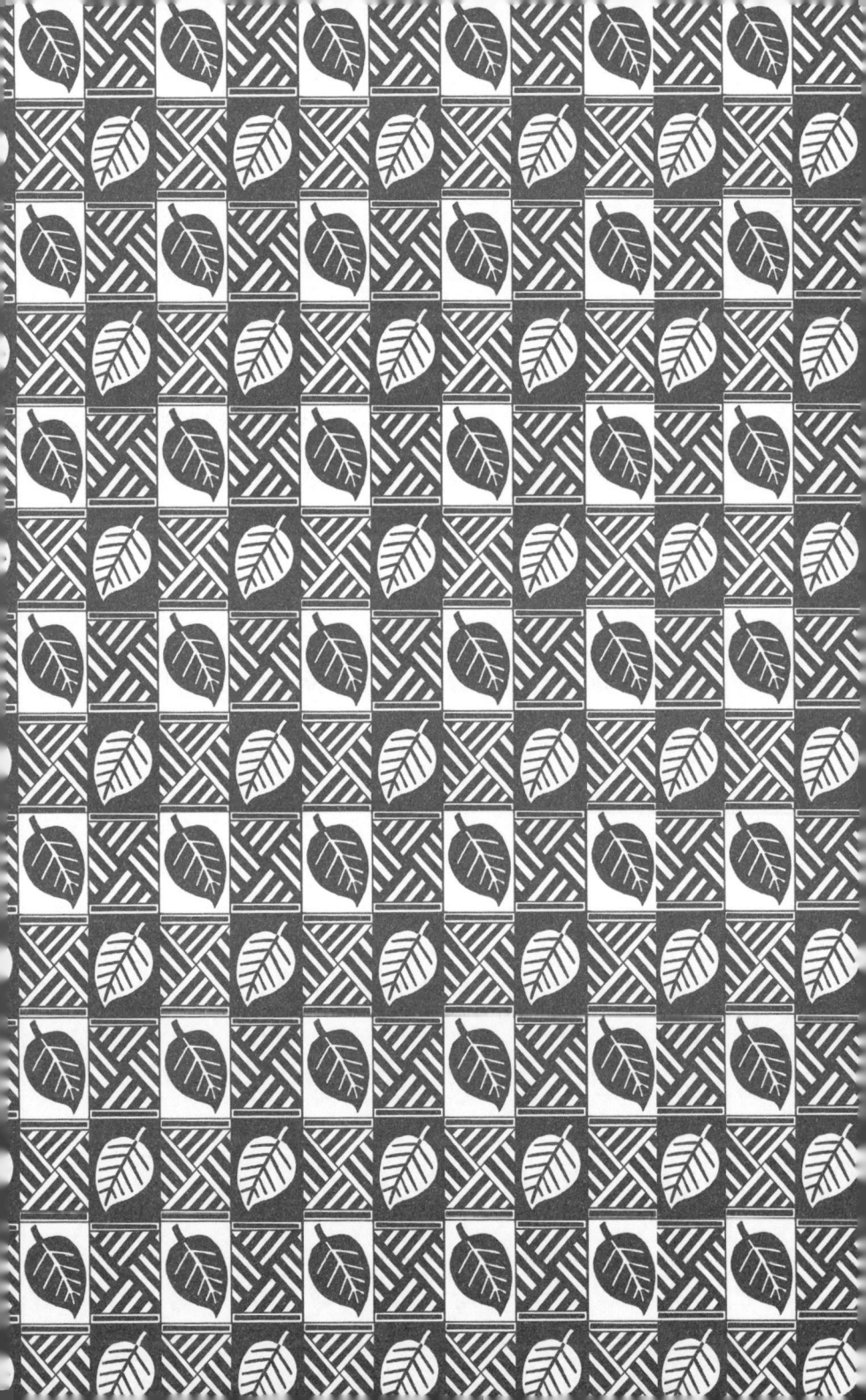

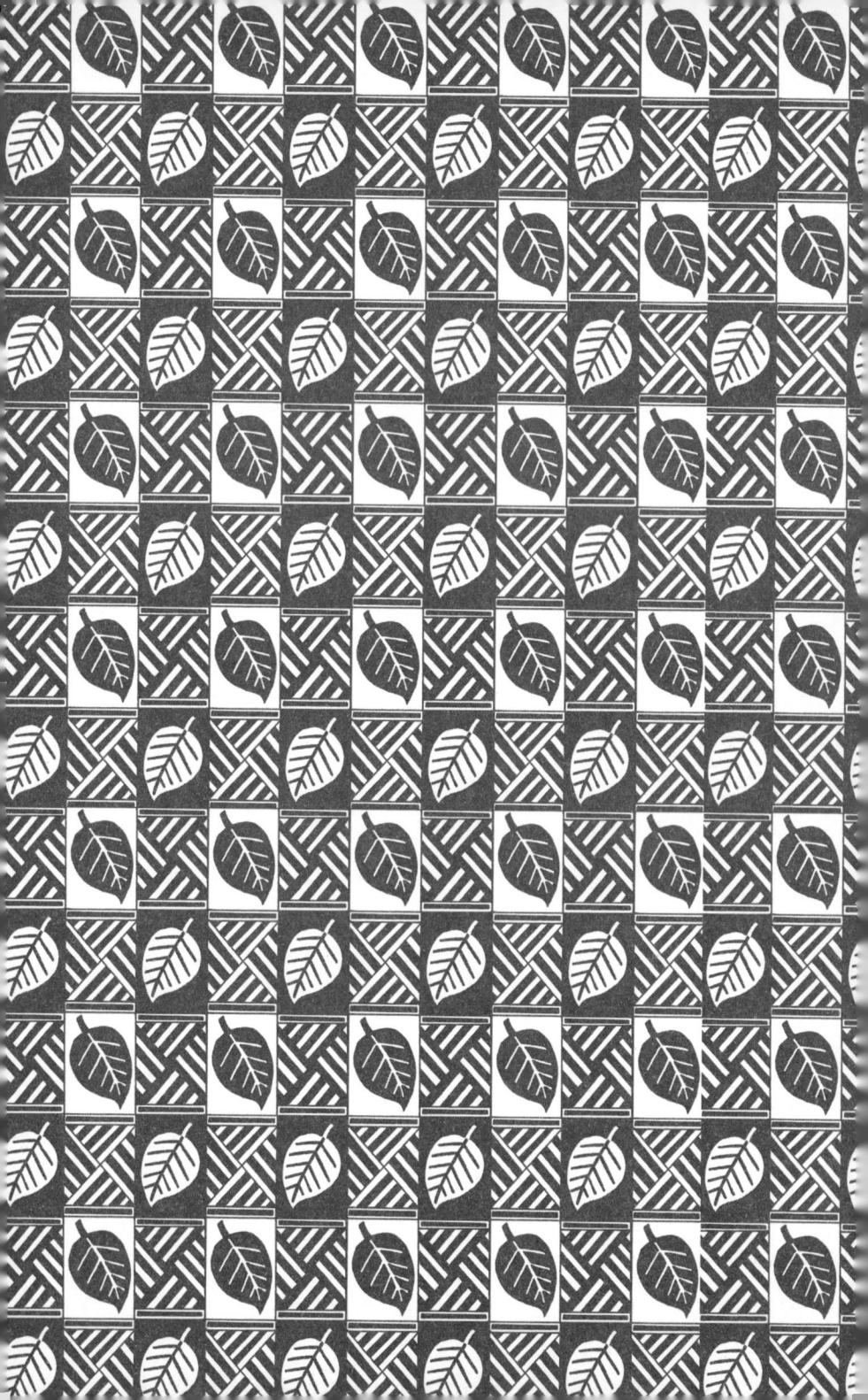